则天武后

ZE TIAN WU HOU

【日】气贺泽保规 著

王艳 译

山西出版传媒集团

山西人民出版社

图书在版编目（CIP）数据

　　则天武后 / （日）气贺泽保规著；王艳译.—太原：
山西人民出版社，2021.4
　　ISBN 978-7-203-11712-4

　　Ⅰ.①则… Ⅱ.①气… ②王… Ⅲ.①武则天
（624-705）-传记 Ⅳ.① K 827 = 421
　　中国版本图书馆 CIP 数据核字（2021）第 023858 号

著作权合同登记号 图字：04—2020—014
《SOKUTEN BUKOU》
©Yasunori Kegasawa 2016
All rights reserved.
Original Japanese edition published by KODANSHA LTD.
Publication rights for Simplified Chinese character edition arranged with KODANSHA
LTD. through KODANSHA BEIJING CULTURE LTD. Beijing,China.
本书由日本讲谈社正式授权，版权所有，未经书面同意，不得以任何方式作全面或局部翻印、仿制或转载。

则天武后

著　　者：（日）气贺泽保规
译　　者：王　艳
责任编辑：崔人杰
复　　审：傅晓红
终　　审：梁晋华
校　　对：吉　昊
装帧设计：张镤尹

出 版 者：山西出版传媒集团·山西人民出版社
地　　址：太原市建设南路 21 号
邮　　编：030012
发行营销：0351—4922220　4955996　4956039　4922127（传真）
天猫官网：https://sxrmcbs.tmall.com　电话：0351—4922159
E — mail：sxskcb@163.com　发行部
　　　　　sxskcb@126.com　总编室
网　　址：www.sxskcb.com

经 销 者：山西出版传媒集团·山西人民出版社
承 印 厂：山西出版传媒集团·山西新华印业有限公司

开　　本：880mm×1230mm　1/32
印　　张：9.75
字　　数：186 千字
印　　数：1-5000 册
版　　次：2021 年 4 月　第 1 版
印　　次：2021 年 4 月　第 1 次印刷
书　　号：ISBN 978-7-203-11712-4
定　　价：59.00 元

目
录

绪　论 ……………………………………001

第一章　则天武后的生卒年 ………………005

第二章　隋末动乱与唐的崛起 ……………013

第三章　玄武门之变 ………………………023

第四章　唐太宗和贞观之治 ………………037

第五章　太宗的继嗣问题 …………………053

第六章　武照的出生和武士彟 ……………068

第七章　迈向太宗后宫的武照 ……………082

第八章　高宗朝的女人之争 ………………095

第九章　武昭仪，迈向皇后之位 …………105

第十章　二圣与垂帘听政 …………………122

第十一章　武后政治的新动向 …………………133

第十二章　武后与她的家族 …………………151

第十三章　高宗的驾崩 …………………165

第十四章　李敬业的叛乱 …………………176

第十五章　酷吏和告密的恐怖政治 …………190

第十六章　怪僧薛怀义 …………………199

第十七章　迈向武周政权的最后冲刺 ………214

第十八章　武周革命 …………………227

第十九章　武周朝的朝士——狄仁杰 ………244

第二十章　武周朝的终焉 …………………260

第二十一章　武后残影 …………………277

终　　章 …………………283

则天武后相关年表 …………………288

则天武后评传·文学作品一览 …………291

写给讲谈社学术文库 …………………294

解说 里与表的历史学 …………………299

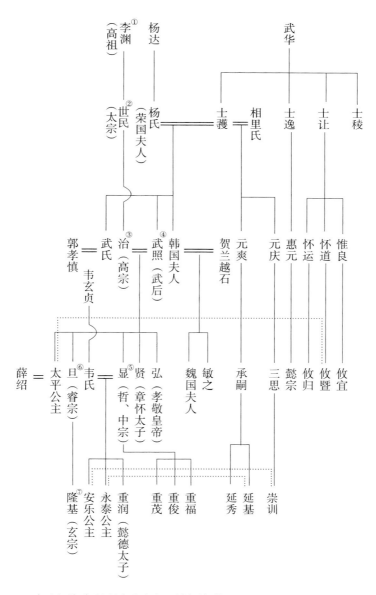

*武后相关谱系图(虚线也表示婚姻关系)

绪　论

则天武后是最为激昂地走过中国历史，登上时代顶峰的女性。

她虚岁十四进入唐朝第二代皇帝太宗的后宫（大内），太宗死后成为其子、第三代皇帝高宗的皇后，最终做到前无古人、后无来者的女皇帝，开创了自己的王朝——武周朝。世称"武周革命"。这波澜壮阔的一生，同时也是她在不知餍足的权力欲支配下，凭借坚定信念和才智与诸旧势力及根深蒂固的儒家观念等作斗争，并逐一战胜它们的轨迹。

武后是一位强大的女性，于无路之地开路，始终坚持贯彻自己的意志，所经之处，牺牲者的尸体如同被砍倒的草木一般，累累横陈。其中不仅有她的政敌，还包括血脉相连的亲人。到底有多少人曝尸眼前啊！她在进行这些活动时，有时冷静得眉头都不皱一下，有时又毫不掩饰愤怒之情。在这种强烈的个性面前，男人们被耍得团团转，无可奈何地被各个击破。与此同时，反过来又产生一股被她吸引、为她驱使的新势力。

则天武后占据权力宝座的时间是在七世纪后半叶至八世纪初，长达几乎半个世纪。其中，最后的15年时间（690~705年）是武周政权时期，而此前作为皇后、皇太后的30余年，可谓开创新王朝的准备期。她一边将建立武氏政权的野心藏在心中，坚定地排除异己，一边致力于建构自己的政治基础，正是这一时期对武后的人生起了至关重要的作用。

顺便一提，此时日本正值天智天皇到天武天皇时期。这一时期，日本从大陆引入律令制，谋求确立天皇权力及实现当时的"近代化"。以天武天皇皇后身份继位的持统天皇，她在位的时间恰好与武后在位的时间吻合。日本和中国在同一时期出现女帝，可以说是一个奇缘。

则天武后成为女帝的首要条件不言而喻是她高宗皇后的身份。但这纵然是重要的契机，却不是决定性的条件。她身为女子，也并非李唐皇室的血脉，且身处男性主导的、堪称权力斗争漩涡的政界。要跨越这些障碍，开创自己的王朝，很明显不是一般女性可以达成的事业。

那么，她是什么样的人呢？为什么这一时期能够出现如此刚烈、强韧、有存在感的女性？如何理解为这样的女性提供了活动空间的唐代及当时的社会？接下来笔者将带着这些问题试着追溯武后的一生。

后世关于武后的评价大致分为两种。一种是极力贬低她的存在。在所举出的淫乱、冷酷、篡唐等种种理由中，被置于批判中心的自然还是身为女性这一点。因为从中国的传统观念来看，此为"牝鸡司晨"（母鸡报时），无异于逆转世间秩序和天地伦常，是无论如何也不被允许的。基于这一点，有必要将她彻底封锁在高宗皇后的位置上，因而通称她为"则天武后"或"天后"。

与此相对，特别是近代以来，出现了对她进行积极评价的动向。开先河者是中国著名历史学家陈寅恪。他提出了一种前所未有的全新解释，即通过武周革命，旧统治阶层"关陇集团"被新兴山东①系势力所取代，从而带动整个社会面貌也发生巨大改变。此后，对她的作用进行肯定评价的呼声逐渐高涨，从这一角度出发，称她为"武则天"的说法广为流传。

由此可见，以强烈的个性铭刻于历史长河中的武后，即使死后也在肯定与否定的夹缝中摇摆不定，在地下世界亦不得安息。从这个角度来说，笔者如今写下这本书，也是参与了其中一角。

不过，先说明一点，虽说本书称她为则天武后或武后，但绝不能据此片面地断定笔者站在消极评价她的立场上。因为，除了后世的评价问题以外，"则天武后"这一称呼还是以当时及后世的诸多看法为基础、具有广泛历史性的固定称谓。

①唐代"山东"一般指崤山以东地区，非今山东省。——本书所有脚注均为译者注，特此注明，以下不再赘言。

我想，暂不追究史事和现实，从包容接纳的立场出发，或许更能与她站在同一地平面上对她进行客观评价。

最后，关于本书中的称谓，她姓武名曌，是太宗朝的才人，在高宗朝先是昭仪，接着是皇后，还做过短时间的皇太后，最终成为皇帝（则天皇帝）。基于此，书中称谓原则上随着立场及前后状况的变化而改变，有武氏、武曌、武才人、武昭仪、武后（则天武后）等多种说法，这一点希望读者谅解。

第一章
则天武后的生卒年

那是一个北风凛冽的隆冬之日。在唐洛阳城西的别宫——上阳宫深处的仙居殿里，一位老妇人咽气了。除照料的侍女之外，她身边看不到任何亲人的身影，就这么平静而寂寞地离开了人世。

这便是则天武后临终前的光景。此日即神龙元年（705）旧历十一月二十六日（壬寅）。而至本年年初因政变被迫退位之前，她还一直独揽大权、威令天下。

她的死一日之内传遍洛阳内外。听到这个消息，多数人心中松了一口气，但除此之外亦无更多特别的感慨。她已经属于过去，而人们整日忙于在新的体制下讨生活。虽说是世情常态，但这种短期内的境遇变迁、人心流转，不能不让人感到人生无常。

说起来，武后享年几何呢？追溯她生平的工作首先就从这个问题入手吧。

围绕着武后的年龄，迄今为止一般有三种说法。一说83

岁，一说82岁，一说81岁（顺便一提，中国史书所言年龄均以虚岁表示，并非足年。本书以下提及年龄之处均指虚岁）。

83岁（武德六年，即623年生）说出自唐代正史之一《旧唐书》的《则天皇后本纪》。与之相对，81岁（武德八年，即625年生）说出自另一部正史《新唐书》的《武后传》以及《唐会要》和已经散佚的《唐历》《唐朝年代记》等书。而中间的82岁（武德七年，即624年生）说则出自吴兢等编纂的《则天皇后实录》及以之为基础的《资治通鉴》。吴兢即太宗与臣下的政治问答书《贞观政要》的编者。

那么，应根据哪种说法进行下一步的探讨呢？这是一个非常棘手的问题。有一项史料及据之得出的解释应引起我们的重视，在此先作介绍。

新中国成立后不久的1954年7月，研究人员在四川省东北部、靠近陕西省的广元县（现在是广元市）一带，进行了文化遗产的调查。这一带自古以来就是以"蜀道"闻名的交通不便之地。三国时期蜀国著名的诸葛孔明为北上伐魏出动大军，之后唐玄宗迫于安禄山之乱蒙尘四川，都曾从绝壁中修筑栈道，开挖隧道。新中国成立后，为解决自古以来交通困难的问题，决定在此地修建铁路，因而先期开展遗迹和文物的调查。

扬子江的支流嘉陵江自广元县城以西滔滔奔流而下。在其西岸岸壁上，面向嘉陵江开凿的佛龛和石窟等连绵成列，侧面还有一座近年重建的带门楼和佛殿的寺院。从寺内残存的佛像等来看，修筑时间可以追溯至唐初。这座古刹过去叫"乌奴寺"，亦曾名"川主庙"，后被称为"皇泽寺"。

1954年进行寺内调查时，工作人员从吕祖阁石窟前面的泥土中发现一通下部残缺的石碑。此即备受争议的"大蜀利州都督府皇泽寺唐则天皇后武氏新庙记"碑。刻碑时间为后蜀广政二十二年（959），后蜀乃唐灭亡后盘踞四川地区的政权。此地在当时名为利州，当地的实力人士筹款在皇泽寺重建了祭祀则天武后的新庙，该碑便是为纪念此事而立。

碑文中有如下字句：

贞观时，父士彟为都督，于是生□□□□，

"大蜀利州都督府皇
泽寺唐则天皇后武氏
新庙记"碑

此处的"士彟"无疑指武后的父亲武士彟。都督就是利州都督,即掌管当地民政和军事权力的最高负责人。从其他史料可知,武士彟担任利州都督是在贞观元年（627）至贞观五年（631）。因此上述碑文所言"贞观时,父士彟为都督"符合事实。

问题在于如何理解之后的碑下段残缺的部分。

最先关注这寥寥字句的是郭沫若。他在这些难以识解之处添加了如下文字和标点,并给出自己的解释。

贞观时,父士彟为都督于是 州,始生 后焉。

这便是将武后的出生地视为利州,但如此一来,留下了一个必须弄清楚的问题——武后的生年。

直白地从碑文来看,武后就变成在其父任利州都督的贞观元年到五年之间出生。这样的话,她的寿命在75岁至79岁之间,必须搞清楚具体是多少岁,而这与一直以来正史等记载的年龄相比,出现大幅度变化。

这就麻烦了,郭沫若想。因为他同时支持着《资治通鉴》所言的82岁（武德七年生）说。武后必须在利州之地,且于武德七年出生才行。因此他给出以下解释:事实上武士彟在贞观年间之前,武德七年左右也曾任利州都督,武后正是在那时出生。

郭沫若是著名的文学家、历史学家,也是一位知名的政治家。他是在学术、文化方面深得毛泽东信赖的智囊之一，又是四川人。在新中国的语境下对历史上被歪曲的则天武后进行再评价的欲望，与身为四川人的乡土意识相结合，造就这一围绕武后出生的新解释。之后，在郭氏极大的影响力之下，武后利州出生说在学界颇有势力。

但笔者冷静地想一想，却无法如是支持郭说。首先，碑文中很清楚地写着"贞观时"，勉强将之作为碑文撰写者的误解来处理过于牵强。而且，综合其他史料，可以确认武士彟任利州都督实在贞观之后，武德年间该职由其他人物担任。

另外，郭氏发表其见解时，所见拓本及照片也未必十分清晰。因此，他的解读真的没问题么？笔者不由得在心中打了一个大大的问号。比如，"是"字下面紧接着的文字能够清楚地看出是"生"，且他视为"后焉"的二字非常模糊，这样就不能确定能否像他那般解读，等等。

总之，郭沫若对碑文的解释有些牵强。但是在中国，要将这一点客观、实证地付之于口，必须等到1976年"文化大革命"结束之后。而在重新探讨碑文的过程中，武后是在其父任利州都督时期、即贞观元年（627）至五年（631）之间出生这一观点也被提出来了。

如此，这里就出现了第四种说法——贞观年间出生说。

那么，在这大致被分为四种的解释之中，应当遵从哪一个呢？这是一个非常麻烦的问题。但是，要是哪一个都不选择，故事就会变得无趣，也不能塑造出武后的具体形象。因而，笔者想先表明自身的立场。

可以说目前普遍接受的说法是郭沫若也支持的82岁（武德七年生）说。主要理由是这一说法的根本史料《则天皇后实录》是武后去世翌年，由吴兢等当时著名的历史学家与武后外甥武三思等共同编纂。原书已经散佚，但其在司马光编纂《资治通鉴》时尚且存世，这成为82岁说的依据。

在此想先提一个与武后年龄相关但迄今几乎未被注意到的点，即武后的母亲杨氏。正如从这个姓氏所推测的，她是隋朝皇室的血脉。杨氏在唐初武德三年（620）左右与武士彟结婚，连续生了三个女儿，中间那位就是武后。

杨氏的生育实可谓今日所说的高龄分娩。她在次女成为高宗皇后、掌握实权的咸亨元年（670）去世，据说享年92岁。据此推算，她出生于北周大象元年（579），即隋通过宫廷革命篡夺北周政权的前两年，和武士彟结婚是在她42岁之时。从当时平均寿命50岁左右来看，作为女性，42岁完全可以说已入老年。但令人震惊的是，她随后还生了三个女儿。

在她42岁结婚之时，丈夫武士彟44岁，作为男性尚处于精力充沛的时期。她接纳了那样的丈夫，不顾高龄进行生产。虽说如此，无论她再怎么顽强，生育之事也一定是年轻的时候风险较小。假如最大的女儿是在结婚翌年的武德四年出生，排行第二的武后在那之后几乎不隔年也就是武德六年出生绝不奇怪。这样的话，83岁说便有充分的余地成立。

但接下来的这则逸闻却好似暴露出该看法的一个小小漏洞。此事发生在武士彟被任命为利州都督的贞观元年（627）左右。益州（四川成都）人袁天罡碰巧应太宗之召前往京师，途中落脚于利州武氏宅邸。袁擅长看人骨相，因此，武士彟召集全家人请他一看。袁首先看了夫人杨氏，十分震惊："夫人骨相，必生贵子！"接下来又看孩子们，称赞说每一个都是位极人臣之相。

那时武后还是一个婴儿，穿着男孩子的衣服，裹在襁褓之中，由乳母抱着正在熟睡。袁天罡看了她的睡颜，说是绝佳的面相，想再好好看一看，请求把她放在床上。恰在此时，武后睁开眼睛。袁天罡大吃一惊。啊！这双眼，这样的头颈，正是极贵之相啊！他接着说："可惜是个男孩。若是女子，将来当为天下之主。"

袁天罡把她错认为男孩，做出如此判断。这一点暂且不论，若此故事属实，贞观元年左右武则天尚是襁褓之中的婴儿，可以推定她出生在前一年的武德九年（626）前后。这样一来，武德六年说也罢，武德七年说也罢，都很难成立。在这种情况下，其母杨氏生下武后时即为48岁，几乎是难以想象的年龄。何况她还生了另一个孩子，那就要到50岁前后了吧。

另外，这个让袁天罡看骨相的逸闻能完全相信么？故事过于巧合。尤其是"若是女子，将来当为天下之主"之类，从当时的一般观念来看，无论如何也不会出现这种台词。袁天罡可能确曾寄住利州武氏宅。实情或许是之后假托此事，附会出武后有天子贵相来为日后搭台铺路。

因此，这一逸闻不可避免地充斥着相当的矫饰痕迹。武后尚在襁褓之中便预示出不凡的将来之类，无疑是为增添戏剧效果而作的设定。这样想来，要从这个逸闻中确定武后的年龄，就必须稍微慎重一些。

那么，再回到最初的问题，基于哪一种年龄说为好呢？笔者想，基于83岁说来追溯武后的一生如何？母亲杨氏的年龄是首要理由。无论她多么顽强地保持年轻，由于45岁之后已接近闭经期，莫说生育，妊娠本身就并非易事。

另外，基于83岁说，武后和高宗的年龄差就变成五岁。当然，武后是年长的一方。将在宫中不谙世事、无忧无虑长大的高宗架空的手段，以及把他作为囊中之物任意摆布的老辣，凡此种种，该程度的年龄差恰好合适，故事也因此越发有趣。

第二章
隋末动乱与唐的崛起

时值隋炀帝统治末期的大业十三年（617）旧历七月五日，这里是位于中国北部黄土高原一角的山西省太原市（并州）。

这天一早，集结在当地的一伙兵力卷着滚滚烟尘向南进发，他们的人数大约有3万，目标是当时的都城——长安。

全军统帅名李渊，其下率领左军、右军为先锋的是他的两个儿子——长男建成和次男世民，人称大郎、二郎。兵力3万在当时绝对算不上多。他们之中的大多数是大约一个月前在太原一带匆匆募集，装备再怎么恭维也谈不上充足，准备和训练等也不充分。

但是他们完全没有对现状的不安，只有对将来的热切期待，期待通过这次起兵摆脱混乱、闭塞的境况，甚而成为新时代的中坚力量。

中国历史上辉煌灿烂的唐王朝，其创业之初的第一步就是这样开始的。

在前来投奔的成员中，受到赏识的是以下诸位：以深得李渊信任、唐初被任命为宰相的裴寂和刘文静为首,包括之后担任中央、地方各要职的殷开山、刘政会、崔善为、柴绍、长孙顺德、刘弘基以及掌管机密的温大雅、大有兄弟。

在这些被紧张和兴奋笼罩的人们之中,一个正好40岁、稍过盛年的微胖男人混进了战斗的第一线。此人姓武,名士彟,被授予的官衔是李渊直属(大将军府)的铠曹参军,也就是一名管理铠甲和武具的将校。他正是本书的主人公则天武后的父亲。

武氏在唐举兵伊始即登上历史舞台,不过在追溯此事之前,先来回望一下唐起兵时的社会状况。

唐起兵之时,中国正处于前所未有的极大混乱之中。从此前十年左右开始,大大小小、各种各样的叛乱蜂拥而起,几乎席卷全国,相互之间为了生存抑或建立霸业争斗不已。载于史书者,不下数百。民众在隋的严苛掠夺之下,又遭受匪患,为求得生存,自己也不得不与匪为伍。在这种混乱的状况下,当时的皇帝隋炀帝(杨广)逃至南方扬州的江都宫,两耳不闻窗外事,昼夜沉迷酒色,颓废度日。

动乱的直接导火线原本就在于炀帝的暴政。他是隋朝开国皇帝、为东汉末年以来近400年分裂打上休止符的文帝(杨坚)的次子。本来应该是兄长杨勇以皇太子身份继位,但弟弟通过谋划将兄长赶下台,最后悄悄杀掉卧病在床的父亲文帝,继承了帝位。不过,他绝不是平庸的君主,不但诗文俱佳,艺术才华出众,在政治筹划和实行方面也有卓越的才能。但是这种不平庸,反而要了他的性命。

　　炀帝一向自负于自己的才华和能力,而这种类型的人常常极喜铺张,爱好奢侈。另一方面,逼兄弑父登上权力宝座所带来的巨大负疚,使他不顾一切地想建立超越父兄的政治体制。因此,炀帝在登基之后,丝毫不听周围的意见,一意孤行地实施自己的构想。

　　他首先着手营造与首都长安相对的东京洛阳城。东汉时期曾修筑洛阳城作为首都,之后的五世纪末,北方鲜卑族建立的北魏从北边的大同(山西)迁都至此,又重新进行了整修。但炀帝却另起炉灶,在原洛阳城以西约12千米之地营建新的城郭作为统治中心。此次营造用时10个月,每月役使200万人。之后则天武后作为据点的东都便是炀帝所建的这座。

　　与此同时,炀帝开始修凿历史上著名的大运河。在中国,黄河、扬子江、淮水等大河,均是自西向东流入大海。因此,打通运河,使它们之间南北相连以输送物资,即使说是自古以来的宏愿也不为过。炀帝为实现先人未能完成的事业,达成事实上的南北统一,开凿了连接黄河与淮水的通济渠(御河)、连接淮水与扬子江的邗沟,又疏浚了从扬子江到南方杭州的江南河以及从黄河到北方幽州(北京)的永济渠。为在短时间内完工,该工程也征发了大量人口,通济渠总计动用百余万人,永济渠仅靠男丁数量不足,女性也被拉入劳役之列。

　　炀帝对民众的役使和奢侈浪费此后更加不知休止。运河开通后,他乘坐名为龙船的四层豪华大船游玩至扬州,又越过长城行幸北方突厥,又断然率领大军征讨西方的吐谷浑,并在各地设置离宫，一有闲暇就外出游幸。此类活动不胜枚举，每每大肆铺张，强用民力，百姓已然疲弊。

炀帝暴政的顶峰是远征朝鲜半岛的高句丽。毗邻隋的高句丽厌忌隋日渐强大，有威胁本国之虞，另一方面，隋作为东亚盟主亦不可能认可高句丽的独立路线。就这样，从大业八年(612)开始，隋连续三次出动大军征讨高句丽，但由于高句丽方面坚守城池与游击战并举，全力抵抗，隋大为受挫，军队被遏止在辽水一线，伤亡惨重，不得不抛弃食物和武器逃归。

至此，反隋狼烟四起，一发不可收拾。如燎原之火，转瞬蔓延全国，将隋逼入灭亡的境地。

隋末动乱之际，一首意味不明的童谣不知从何处传唱开来：

> 桃李子，莫浪语，黄鹄绕山飞，宛转花园里。①

人们从这里嗅到了某种对将来的预言。桃李子是李氏。也就是说，姓李的人啊，偷偷期待吧，堪比黄鹄(一种大鸟)的新势力将一飞冲天，降临到花园正中，即权力中心。总之就是取代杨氏之隋者是李姓之人。当然，这首童谣可能是李氏身边的人有意识地散播出去的，但不能忽略，这表明人们对李氏

①（清）彭定求等编：《全唐诗》卷八七五《唐受命谶》，北京：中华书局，1960年，第9900页。

抱有期待。

所谓李氏之人，其一是李密。他出身于西魏至北周时期形成、隋代发展为政权中坚的所谓"关陇集团"的正统名门。只不过到他那个时候，家道持续没落，在政界没有用武之地。出于对现状的不满，他很快投身于叛党之中。他所活动的区域在洛阳以东、今天河南省北部、山东省西部一带，正是叛乱最为激烈的地区。

李密在这片激战区生存下来，成为统领这一带的群雄之一，并且甚得民心。他在袭获隋的粮库洛口仓（兴洛仓，位于洛阳以东）和黎阳仓（河南省浚县）时，让贫民随意取用。凭借实力和优越的家世以及广泛的人气，李密取得了公认的地位。

与招人眼球的李密不同，还有一人，同为李氏，在静静地准备举兵。那就是李渊。李渊亦出身于关陇集团中的名门，他的母亲是建立西魏的八柱国之一独孤信的四女，由于母亲的妹妹（独孤信的七女）是隋文帝的皇后，故李渊与炀帝有着姨表兄弟的亲戚关系。因此，他在炀帝出逃扬州后，受命为守备北方重镇太原的负责人——太原留守，在距离动乱中心不远之处，观望形势变迁。

李渊为人疏阔，性情温和，同时又是一位"慎重居士"，说难听点儿就是有些优柔寡断。不过，由于他的人品和宽容，身边渐渐凝聚了形形色色的人物。其中有隋朝的官员、被官府逼迫的亡命之徒、逃亡的士兵、当地的土豪等等。他们策划拥戴李渊起兵，但李渊怕被炀帝盯上，怎么也不肯有所动作。之后总算开始行动，便是本章起首的举兵。

关于李渊举兵，还留下以下秘闻：

局势越发紧迫之时，李渊的儿子李世民决定通过深得父亲信赖的裴寂来劝说他。于是世民贿赂裴寂，故意输掉赌博讨好他，使他倒向己方阵营。裴寂当时担任太原所置炀帝离宫晋阳宫的负责人。某天夜里，他邀请李渊到晋阳宫，以宫女侍奉其宴饮，择宴酣之时逼迫李渊说："这儿的宫女们都是陛下（炀帝）的人。要让人知道您对皇帝的女人出手，会是什么下场您知道吧。事到如今您已经不能置身事外了！"

关于此事还有另一种说法。晋阳县县令刘文静打听到李渊与裴寂二人在晋阳宫偷偷举办宴会，并以宫女侍奉。文静立刻以此恐吓裴寂，通过他迫使李渊做出决断。这种说法或许更接近真相，但不管怎么说，从以上被算计的过程可以看出，李渊此人对吃喝嫖赌之类全无招架之力。大概这种真实的个性，反而吸引了人们吧。

李渊集团行动十分迅速，沿汾水直指长安，并在四个月后的十一月九日成功攻陷长安。出发时的3万军队，在此期间已膨胀至20万。李渊拥立在长安的炀帝之孙代王（杨侑），迅速确立了号令全国的地位。随后在翌年五月，他建立了新王朝——唐，将年号改为武德。

但是唐统一全国的道路绝非坦途，前后花费时日逾五载。其中，窦建德及其余部刘黑闼集团最为棘手，他们雄踞河北，不断扩张势力，与唐正面对峙，屡次令唐朝方面陷入苦战。唐击溃这一势力之后，才终于可以将统一全国变成现实。

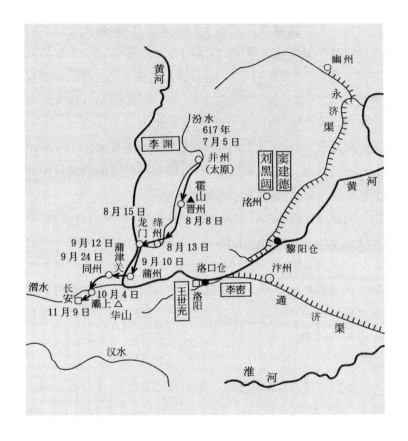

唐李渊举兵路线与隋末群雄割据图

　　至于农民出身的窦建德等何以如此强势,首先是因为河北民众已然凝聚成一股势力。原本河北一带就位于隋远征高句丽的前线,所受影响最大,民众的反隋斗争格外激烈。窦建德也好,刘黑闼也好,均是其中的一介农民,因富有侠义之心而受到众人信赖,被拥立为首领,建立夏国。

　　据记载,在这萧索乱世,唯有夏国出现连匪盗也不互相杀掠的独特现象。在隋末叛乱中,以他们为代表的波澜壮阔的活动也应当被铭记。

　　并且,这里曾是北齐统治的中心区域,北周击溃北齐,隋又继北周而立,因而此处的人们对于隋的统治势力即所谓的关陇集团,残留着特别的同仇敌忾之风。这一点也被投射在窦建德等的行动之中。与关陇集团相对,这一带的政治势力被总称为山东集团。由于唐李氏属于关陇系中枢门第,唐与窦建德等的对决,在某种程度上必然带有关陇系对山东系的色彩。

　　不管怎样,唐最终打败不惜引进北方突厥势力负隅顽抗的刘黑闼,奠定了统一的基础。这时已是武德六年(623)年初。

　　说起来,当初那位高调的李密,早于此前就在与王世充的消耗战中一败涂地。王世充是以掌握洛阳地区大权而崭露头角的隋末群雄之一。而李密之后因同姓且同为关陇系而归投了李渊帐下。

　　李密打算暂时托庇于唐,暗中积蓄力量,以伺良机东山再起。然而唐朝方面才不会如此天真,眼睁睁地将充满野心的老虎放归山林。最终,李密企图从李渊处逃走,落得被杀的境地。一代风云人物的结局如此潦草可怜。

这样一来,隋末童谣"桃李子"中被预言的李氏很明显是李渊其人。歌词中的"花园"无疑指长安的皇宫中繁花盛开的花园。

唐迟于其他群雄、群盗而起,却迅速控制了局势。其重要原因在于李氏的优良门第及李渊自身在隋官居高位带来的潜在影响力,以关陇系为中心,渐成为吸引广大民众的力量。

另外,李渊在起兵之前官居太原留守,掌握当地的行政权,得以积蓄军事力量。由于太原远离隋末动乱的中心,李渊在与周边势力的对抗上,几乎没怎么花费力气,这一点应该说是幸运。李密就没有如此得天独厚的环境和条件。

再者,李渊的儿子们也成为了他的左膀右臂。长男建成、次男世民、四男元吉,在起兵时分别为29岁、20岁、15岁,正是大有可为的年纪。他们是母亲窦氏所生的同胞兄弟,其中建成和世民从准备阶段到实际战斗都身先士卒,成为建立唐朝的带头力量。父亲李渊只要在二人背后指挥便足矣,这也是他的优势。

但事实上,这一点在之后却变成新的难题。唐建立之后,建成被立为皇太子,世民封秦王,元吉为齐王。皇太子是储贰之身,即必须作为继承人陪在皇帝身边,以备皇帝之万一。唐亦是如此,因此秦王全权代掌之后的对外战争。他在其后数年间,东征西讨,无暖席之暇,奠定了唐的基业。

秦王骁勇善战,据说战无不克,虽然年纪轻轻,却兼具身先士卒、冲锋陷阵的勇猛和运筹帷幄、攻敌不备的老辣。在作战过程中,他一边提高自己作为领袖的声望,一边招揽人才、培养势力。皇太子对此十分不满,争胜之心熊熊燃烧。两人之间一触即发的紧张气氛日渐高涨,相争已成必然。皇帝李渊亦无可奈何,只能拱手静观局势变化。如何了结此事,是唐统一全国之后所直面的课题。

第三章

玄武门之变

　　唐长安城是在隋新筑的大兴城基础上重新整修而成的雄伟都城。外城南北长 8600 多米、东西长 9700 多米，呈东西稍长的方形，内部如棋盘格子一般被划分开来。长安城北部是王朝整个中枢机构所在区域，其中北边的宫城与南边的皇城紧密相连，构成所谓的内城。

　　皇城是官署区，中央有关机构鳞次栉比，在京官吏也就是京官从城内私宅到这里上班。与之相对的宫城大致分为两个区域。从南边承天门进入后首先可见雄伟的太极殿，再往里是两仪殿，以这两处为中心构成公共政务区域；北侧一带掩映在池树之间的众多宫殿亭台等是为皇帝私人生活服务的区域。另外，宫城东侧是皇太子居住的东宫，西侧是后宫女性们居住的区域，称作掖庭宫。

　　说回唐初的情况。高祖三子，长男建成作为皇太子居于东宫，与之相对，秦王世民在太极宫区域西北的承庆殿，齐王元吉在同区域东北的武德殿北侧，各自开府。这一布局是高祖刻意为之的结果。将世民安置在与东宫相对、可谓西宫之地以取平衡，同时把与建成亲近的元吉安排在东宫旁边。建成和元吉住处相邻，二人频繁往来，悉心密谋除掉世民。

在太极宫的最深处有一座北门。从那里出去，周围是平缓的高岗，这一带是种植珍奇树木、放养珍禽异兽的禁苑。自其高处向南可眺望长安城，转目向北，则可见黄褐色的渭水自西向东缓缓流动。当时的人们称这片区域为龙首原。因地势走向看起来恰似龙从长安南部连绵的秦岭群山中探出，在此伸直头部，将嘴巴放在渭水渴饮。

太极宫北门位于内外城城墙交叠之处，是守备北方的重要城门。因此，取青龙（东）、白虎（西）、朱雀（南）、玄武（北）四神之名，称之玄武门。与此相对，皇城南门名朱雀门，亦是源于四神。正如位置所示，朱雀门到承天门这些南侧之门是表门、正门，相对的玄武门一般来说则是作为皇帝私人的或者与家务事相关的出入口。

这座平常不怎么引人注目的玄武门，突然被给了一个特写镜头，世称"玄武门之变"。围绕创立唐朝基业的高祖李渊的继承人问题，兄弟之争发展到你死我活的境地，因而爆发了这次政变。结果，次子世民胜出，成为第二代皇帝太宗。而他正是则天武后的第一个男人。

武德九年（626）六月四日黎明，一队十人左右的骑兵站在玄武门前。个个身强体壮，甲胄裹身，腰带大刀，手提长

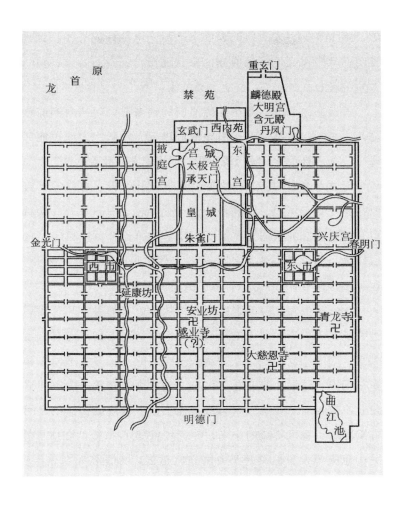

唐长安城图

矛，腋下夹弓。在泛白的天色下，每一位都神情坚毅，双唇紧闭，双眼发亮地盯视前方，全身迸发出强烈的紧张感和巨大的压迫力。

里面的人大概一直在等待他们的到来吧。门从内侧悄然打开，哨兵行过礼之后，引导他们进入。领队之人简短地部署好人员，随后登上城门楼，迎接即将到来的敌人。

历史上著名的玄武门之变就这样拉开帷幕。总指挥不言而喻正是秦王世民。跟随他的是长孙无忌、尉迟敬德、侯君集、张公谨、屈突通这些秦王府培养的幕僚。其中也包括之后作为著名宰相而闻名的房玄龄和杜如晦。但不管怎么算，这一天的头功都属于忠心耿耿的武将尉迟敬德。

世民等在玄武门部署后不久，从东边来的另一队骑兵一边警戒一边靠近。夏天的早晨来得很早，距离日出还有一段时间，周围已经大亮。在这队人马中间的正是皇太子建成和齐王元吉。他们从东宫北门出来，到达去往玄武门途中的临湖殿一带时，总觉得气氛有些异样。连平日清晨在树梢之间忙忙碌碌、叽叽喳喳的小鸟，今天也安静了下来。稍加思索后，建成等人急忙调转马头向东宫退去。为预备紧急情况，东宫有两千士兵正在待命。

话说世民为什么要选这一天在玄武门行动呢？世民方面和建成、元吉一派长期对立相争的情况暂且不提，此事直接的导火索是前一天即六月三日之事。

这天，世民偷偷告诉父亲高祖说："建成等与陛下后宫的女性们有淫乱关系，而且他们早就打算杀掉我独揽大权。"

高祖听后十分震惊，下旨第二天即四日传问有关人员，弄清是非黑白。

开弓没有回头箭。先发方得制敌，直到对手倒下之前都不能停手。世民和部下们下定决心，制定了以下计划：建成等被高祖紧急传唤入宫谒见，因是意外之召，自然毫无准备，说不定连充足的护卫也没带，况且带兵进入宫门为制所不许，若看准这个时机在玄武门围剿他们，便可以毫不费力地将建成和元吉一网打尽。只要控制住这二人，部下失主，自然不能轻举妄动。

事实上，世民向高祖告状之事及高祖回答的全部经过已在事前被透露给了建成方面，是由一位在高祖身边服侍却属于皇太子阵营的宫女偷偷传达的。听闻此事，建成等也曾想过不入宫谒见，在东宫静观事态发展，但这样一来可能会失去把握外部动静的先机，不如先世民一步为上策。于是，他们改变主意，做好早朝准备后向玄武门而去。

但他们先一步被扣在了玄武门。世民和他的部下都是在唐统一天下的战争中身先士卒、南征北战的军人，可谓以一当千，并且他们深知战争为何物。这样的一群人一旦下定决心行动，便拥有无比强大的力量，实为可怖。应该说建成方面稍微轻视了这些人的行动。

世民拼命追赶想要在临湖殿折返的建成和元吉。如果在这儿让他们逃脱、进入东宫，计划将全部成为泡影。部下们也抱着同样的想法，尉迟敬德立刻率七十骑哨兵跟上。

看着大声迫近的世民等，元吉在马上再三想要搭弓射箭，但情急之下怎么都搭不上弦。在他惊慌失措之时，世民的箭射中了建成的胸口。只见他扑通一声栽下马来，当场毙命。而世民左右之人也将元吉射下马来。

当时，跑过来的世民被林中的树枝挂住身体，也翻身落马，且因过度疼痛而无法站立。元吉见状，得意洋洋地靠近，夺下世民手中的弓，想要勒住他的脖子。千钧一发之时，尉迟敬德飞马救主，元吉不得已拖着受伤的身体，徒步逃向自己的住所，但被敬德从背后一箭射中。他也在这儿送了命。

这一系列动作并未花费太多时间。兄弟之间围绕权力的长期争斗以这种形式草草收场。但事情至此并没有结束。世民等迅速带着建成和元吉的尸体返回玄武门。

世民应当立即去做的事情有两件。一是设法消除东宫可能派出的两千士兵的攻击，二是必须尽早让高祖承认自己发动政变、掌握全权的事实。

如他所料，士兵从东宫北门蜂拥而出。他们尚不知主君已死，正发动猛攻，欲拼死一搏。虽然世民的五百士兵也加入战局，但难挡其锐气。于是世民等高举建成和元吉的首级："如尔等所见，尔等的主君已经伏诛！勿要再做无谓的战斗！"

见此，士兵们立刻失去了战意。

在战斗过程中，世民的心腹尉迟敬德受命率领手下兵将赶赴高祖所在的内殿。内殿距玄武门很近，能够听到两军激烈的厮杀和呐喊，还有流矢飞来。高祖和近臣们一起在池面的小船上避难。此刻，看到身着铠甲、手提长矛的尉迟敬德出现，高祖肝胆俱裂。

"今天是谁作乱？你来这儿做什么？"

"皇太子和齐王发动叛乱，秦王举兵将之诛杀。为了陛下的安危，着我等前来护卫。"

尉迟敬德立刻将士兵安排在高祖身边，并请求高祖发布手敕，让仍在战斗的东宫军服从秦王命令。如此一来，东宫方面失去抵抗的名分，四散逃跑，世民的胜利已成定局。

权力斗争本就是你死我活的豁命之事。何况在皇权至上、皇帝独尊的中国王朝，更是如此。若中途鸣金收兵，等到皇帝改变主意，敌方缓过气来，处境必定逆转。一旦逆转，满盘皆输。世民受到建成和元吉的各种挑衅，一直忍耐到极限，就是因为他十分了解一旦下决心行动就只能坚持到底的重要性。

建成方面由于临门失足，最终一败涂地。这并非是他们那一方缺乏可用之人。毋宁说作为皇太子，在人才配置上更为优越。太宗朝深受重用的名臣王珪和魏徵等正是出自东宫。魏徵曾站在秦王一方的对立面，主张采取措施尽早除去世民。事后因此被世民责难时，他理直气壮地回答："皇太子如果听了在下的话，应当就不会遭受这玄武门之祸。"

建成最终没有采纳臣下的这一意见。可以说，不能下决心杀掉弟弟这种人性的软弱和作为领导者的善良，断送了他的性命。

玄武门之变就这样结束了。世民没有得到父亲高祖的许可就派出军队，杀掉兄长和弟弟掌握权力之后，连父亲也不能继续坐在皇位上。他派尉迟敬德到内廷，便是借近身护卫之名夺取实权。事情了结之后，高祖领悟到自己已经不宜出场，迅速让位给世民，开始隐退生活。从举兵之际的优柔寡断来看，对于本来就不那么执着于权位的高祖来说，可能一半是想以此为契机悠闲度日。

此时高祖61岁，而世民只有29岁，意气风发。在这位青年皇帝太宗的带领下，被后世称为"贞观之治"的新政开始了。高祖此后实际已被幽禁，与外界完全断绝联系，在贞观九年（635）五月终其天年，以70岁之龄去世。

关于玄武门之变的历史评价，一种说法认为，聚集在建成身边的是肩负西魏、北周以来政权中枢的关陇系旧势力，与之相对，支持世民方的是山东系新兴势力。这次事变是唐代关陇系与山东系、旧势力与新势力第一回合的较量，以后者的胜利告终。

确实，这种解释并非全无道理，但追根究底此事还应归结于围绕高祖李渊嗣位的骨肉之争。他们兄弟并非从一开始就关系失和，应该说是由于皇帝这一权力宝座迫在眼前，相互之间燃起竞争意识，再加上周围的人煽风点火，终至进退两难的境地。

　　而他们的不幸在于，与长子相比，弟弟世民功劳更大，社会评价也向其倾斜。建成比世民大九岁，早就帮助父亲立下功业，绝非平庸之人，只是世民的成就更加突出。

　　遇事沉着判断、迅速应对以及勇猛而果敢的行动力，这些作为武将的条件，世民全都具备。这或许可以说是天生的资质，能够自如地运用这些力量之时，世民本人自然也不愿屈居兄长之下。

　　再加上另一个弟弟元吉，兄弟关系变得更加复杂。元吉比世民小五岁，太原起兵时年方十五，因此没有加入战斗，而是受命巩固后方。但他之后畏惧从北方来的叛贼刘武周的攻打，舍弃太原偷偷逃跑。他胆小又任性，不配做武将，但是这种人常常比一般人更加执着于权力。

　　元吉投靠长兄建成是理所当然的结果。在统一战争中功勋赫赫、社会声望隆盛的次兄是他眼前最大的拦路石，必须首先排除，这一点与建成的利益相一致。他计划在此基础上再击败长兄，就能轻易地掌握大权。因此，他煽动建成和世民对立，抓住各种机会企图暗杀世民，削弱其势力。

　　兄弟三人围绕继嗣问题展开激烈交锋，其终点即为玄武门之变。皇位交替之际的争斗，实际上在当时绝非特殊事件。此前不久的隋炀帝夺储便是广为人知的先例。身为文帝次子的他，用计将皇太子兄长挤下台，并暗杀父亲，登上皇位。唐朝此后亦常为同样的问题所困扰，最终嫡长子继承的惯例在有唐一代也未固定下来。

为什么这种混乱不可避免呢？很大原因在于隋唐皇室及之下聚集的人们身上流着的异民族血液及由此形成的风气。这里所说的异民族自然是指北方游牧民族。隋唐王朝可谓在汉民族和北方民族融合的基础上出现的王朝。

众所周知，公元前202年高祖刘邦始建汉王朝，西汉与东汉合起来大约延续四百年，之后经过曹操、孙权、刘备与诸葛孔明等英雄活跃的三国时期，进入南北分裂时代。肩负这个分裂时代的一方面是汉族社会上层有实力的豪强及贵族势力，另一方面是这一时期从北方、西方和东北方向中国农耕世界移动并崛起的游牧民族。

游牧民族主要由匈奴、鲜卑、羯、氐、羌五族组成，通称为"五胡"，其中鲜卑拓跋部最终统一华北的汉族社会，建立最早的征服王朝——北魏。只不过，北魏虽说是征服王朝，却与后世的征服王朝不同，反而煞费苦心地进行汉化，努力舍弃自己的语言和风俗习惯等，并最终引进汉族风格的贵族门第主义，粉碎了原本注重横向联系及个人资质的游牧观念。

北魏就这样在汉化的道路上突飞猛进，但另一方面，他们也没有忘记影响中国世界。佛教作为救济民众的宗教在这块土地上落地生根正是在五胡至北魏时期。人们为方便骑马而穿起裤子，以及椅子就座、床上休息的生活习惯也肇始于这一时期。而在此之前，穿着像我们日本人的和服一样的衣服、在床上正襟危坐是他们的日常姿态。

为在汉族社会中寻求生存空间，北魏实行了彻底的汉化政策，但最终因周围的反对而受挫。六世纪前半期，作为政权基石的北方系士兵们发动一系列叛乱。其中爆发于守卫北部边境的六座军镇（六镇）的动乱尤为激烈。因为他们同样是鲜卑北族系出身的士兵，却因为门第观念而直接面临被逼入社会底层的危机。

六镇士兵约 20 万人，汇聚成一股巨大的势力向南进发，从他们之中走出了引领下一个时代的两位领袖。一位是出身于六镇之一武川镇的鲜卑人宇文泰，另一位也是鲜卑人，即六镇之中的怀朔镇出身的高欢。尤其前者占据西边的长安建立西魏，之后发展为北周，从其谱系中诞生了隋、唐。

宇文泰方面集结的势力绝非强大，因此屡屡被高欢的东魏军打败而陷入苦境。为此，他以北族系士兵及将帅为中心，并组织众多汉族系大族和农民，充实国家军队。这种军事制度被称为府兵制。从西魏到北周，北方少数民族和汉族这两股各自为政的力量以府兵制为媒介形成合作关系，成为压倒一切的新的统一力量。在此期间，两民族上层也增进交流，形成了独特的政治集团，即所谓的关陇集团。

关陇集团的主力成员之一是李虎。他是唐朝的创建者李渊的祖父。以陇西（甘肃）李氏为名，似乎出身于汉族贵族，但具体情形实在含糊不清。可以明了的是，到他生活的时候居住在武川镇，北魏末移居中国内地并崭露头角，最终取得宇文泰政权的柱国这一元勋地位。由此看来，其家应当是鲜卑系或者说鲜卑化的汉族。

李虎的儿子叫李昺，李昺之妻是西魏元勋独孤信的四女。独孤氏是匈奴独孤部的血脉，他们二人生了李渊，即使假设李氏是纯粹的汉族系，至此也失去了纯粹性。再者，李渊的妻子、后来成为皇后的窦氏，本名纥豆陵氏，明显是北族出身。

李世民兄弟就是李渊与窦氏所生。另外世民的皇后长孙氏本姓拓跋，亦是鲜卑族人。汉族和北方游牧民族即鲜卑、匈奴、突厥等众多民族的血融合在一起，在李唐皇室的脉搏里跳动。在这种意义上，唐可以说是五胡乱华后民族大融合发展到顶点的王朝。因此，对于唐王朝及这一时代，如果按照通常汉民族的传统观念来判断，就会产生误解。唐在历史上空前绝后的开放性和国际性，与他们的民族性并非没有关系。

回到最初的话题。为什么会发生玄武门之变这种皇位交替之际的争斗，至此已经不必再赘言了吧。从游牧民族的观念来说，成年的儿子们相继独立，最后由小儿子留在父母身边继承家产。以长子为正嫡只是农耕社会固有的思维方式。

对于有一半以上游牧民族血统的李唐皇室来说，即使走过漫长的汉化道路，也不能贸然地说已经被完全同化。这种血气时而喷发出来也是理所当然。周围出身境遇相同的官员们，对这种现象也表示一定的理解。唐这一时代富有特点、张弛有度的重要原因之一就在于其血脉。

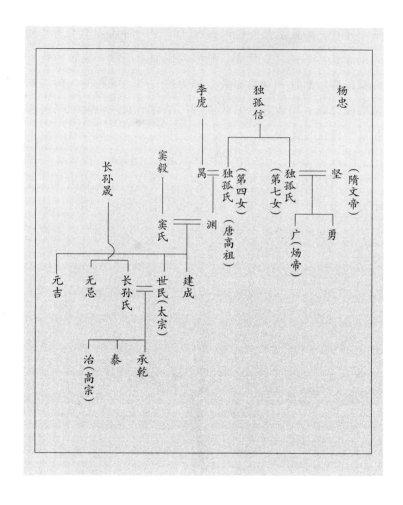

唐朝李氏谱系图

另外，唐代也是女性经常抛头露面的时代。本书所论述的则天武后正是其中代表。她们何以如此活跃？这自然也与游牧民族的血性和观念有关。因为这一点，儒教的、传统的结构被打破，形成新的时代氛围，孕育了女性也能策马奔腾和自食其力的社会。

唐灭亡之后，突然开始出现缠足这一奇异的习俗，即把女性足部的成长抑制在幼时的状态，使其必须依靠男性才能生存。这种姿态无疑是对唐的反动。由此看来，唐这一时代是表现了某种健全性的时代。在这种健全性之中，则天武后登场。

第四章
唐太宗和贞观之治

　　玄武门之变后，第二代皇帝太宗的时代到来。他的统治时长在唐代仅次于玄宗，达二十三年，以全面发展闻名，世称"贞观之治"。

　　　　贞观初，户不及三百万，绢一匹易米一斗。至四年，米斗四五钱，外户不闭者数月，马牛被野，人行数千里不赍粮，民物蕃息，四夷降附者百二十万人。是岁，天下断狱，死罪者二十九人。①

　　这是正史《新唐书·食货志》中的一段著名文字。从当时一匹绢平均相当于一千钱（文）左右来看，主食米的价格在贞观四年前后从相当于一匹绢的一千钱高价到仅仅四五钱，

---

　　①（宋）欧阳修、宋祁：《新唐书》卷五一《食货志一》，北京：中华书局，1975年，第1344页。

价格降到原来的二百分之一以下。按字面意思来理解，即在这数年间，和平、丰收、社会安定，给人们带来了赞颂生活的余裕。

不过，事实未必如此简单。国内敌对势力确已被平定，但从北边到西边的异民族活动依然是不稳定因素，对农民的征发仍在持续。

据记载，唐初户数约300万。以一户5人计，人口大约1500万。前代隋至盛时期约有900万户、4600万人。也就是说，唐初人口骤减至隋的三分之一。不过别误会，虽说其间插入了隋末动乱，但几千万人并非一时尽殁，这些数字说到底只是表示当时国家控制的人口数。这样看来，唐初仅能拥有隋三分之一左右的政权基础，距离完全控制民众、确立实权还很遥远。

隋唐年间户口变动表

年	户数	人口数	每户平均人口数
隋大业五年（609）	8,907,546	46,019,956	5.17
唐武德年间（618-626）	2,000,000余		
贞观十三年（639）	3,041,871	12,351,681	4.31
永徽元年（650）	3,800,000		
神龙元年（705）	6,156,141	37,140,000余	6.03
开元十四年（726）	7,069,565	41,419,712	5.86
天宝十四载（755）	8,914,709	52,919,309	5.94

那么，有"贞观之治"之美誉的太宗政治，其特质是什么呢？

——人和与天时。

坦率地说，太宗时代是这两个方面最充分显现、交融，为政治增光添彩的时代。太宗也是充分抓住并冲破时代潮流、拥有强盛运势的皇帝。

至于人和，由于隋末的动乱，整个社会被搅得天翻地覆。各式各样性格鲜明的人物从乱世的漩涡中崭露头角，被拉入同样个性强烈的太宗麾下，合力肩负新政。社会在这个过程中摆脱荒凉的光景，恢复稳定。

同时，太宗亦受到天时眷顾。隋末各地登场的群雄在他即位之前已经消亡，并因此形成不希望再有战乱的社会心理。在太宗这等人物的带领下，整个社会以安定为指向，得以切实整顿政治体制。

对外关系也朝着有利方向发展。突厥长期与中原王朝方面对立，隋末趁隋朝国内分裂之机扩张势力，入唐以后也未停止掠夺、入寇。然而，进入太宗朝以后，突厥（东突厥）的力量逐渐衰弱，于贞观四年（630）春降唐。上文所举《新唐书》的记载，以贞观四年作为大转机，无疑与此事有关。

突厥是土耳其系骑马民族，从大约六世纪中叶开始，以蒙古高原到天山山脉的广大游牧地带为依托，势力急速扩张。如果说最初统一北亚整体的是匈奴，那么突厥就是继其之后第二阶段的盟主，是现今居住于小亚细亚地区的土耳其民族的先祖。

突厥一度分裂为东西两部，也曾迫于隋朝的各个击破政策而隐遁，然而隋末又趁中国内地动乱之机重振声势，成为凌驾于中原之上的势力。突厥知晓五胡诸民族在挺进中国农耕社会的过程中反被中原世界所同化，为避免重蹈覆辙，他们计划让隋末发端的国内群雄互相争斗的分裂状态持续下去，通过远程操作来间接控制中国。

唐初政权冲破突厥的罗网，成功稳固了国内形势，但接下来如何对付这一北边强敌成为遗留课题。

在玄武门事变结束、世民刚登上帝位的八月，发生了一件大事。突厥颉利可汗①突然率军出现在便桥北岸。便桥是架在长安以北渭水之上的一座浮桥。一听到报告，太宗立刻带领少数几名近臣就飞奔出玄武门。太宗站在便桥南岸，在近臣的担忧中对对岸的颉利可汗说："唐几次与可汗和亲，至今馈赠金帛不可胜计。而可汗却恬不知耻地背叛约定深入我腹地！是可忍孰不可忍！"

可汗大惊，因为他轻蔑地认为太宗不过是刚通过政变掌握政权的毛头小子，内部尚且没能巩固，遇到这种情况大概会阵脚大乱手足无措。然而，不仅太宗出人意表，之后持续出兵、站满对岸之地的唐军亦是军容伟肃，军势逼人。可汗

---

①气贺泽先生原文记为"始毕可汗"，据两《唐书》及《资治通鉴》记载，此事的主角当为颉利可汗。见《资治通鉴》卷一九一，武德九年（626）八月癸未条。北京：中华书局，1956年，第6019—6020页。"癸未，颉利可汗进至渭水便桥之北……乙酉，又幸城西，斩白马，与颉利盟于便桥之上。突厥引兵退。"

急忙缔结和议，仓皇退兵。

太宗在这次事件中有两个目的。其一不言而喻是向突厥展示强硬的姿态，不给他们趁隙再进半步的机会。其二是通过果敢抗击外敌侵略的意志和行动，重新凝聚朝中因玄武门之变生出的动摇与涣散，给人民留下作为新帝的存在感。

自诩强盛的突厥此后从内部持续崩坏，再加上唐朝的进攻，数年之间就被逼入草草解体的境地。之后其治下诸部族也一反旧态，争先恐后地降唐。他们的君长向太宗献上"天可汗"这一称号，这应该称得上是游牧诸部族最高君长的名号了。

身为中国唐王朝的皇帝，同时也是游牧民的天可汗，史无前例地登上横跨两个世界的最高位，这个结果对于太宗来说大概也出乎意料。

太宗成为皇帝后一直对隋炀帝耿耿于怀。他意识到自己在很多方面都与炀帝类似。

首先，他们都有着以次子身份除掉兄长、逼父让位这一相似背景，又同为继创业之主之后的第二代皇帝，背负着发展初代皇帝开拓的道路、塑造更为强固的统治体制、安定王朝基础的责任和义务。并且两人在能力上均绝非平庸之辈，政治目的和手段也相似，落得基本相同的结局似乎不可避免。

以府兵制这一军事制度为例。一般认为府兵制在六世纪中叶的西魏时代建立，唐太宗时期完成。这项制度的形式是

接见吐蕃（西藏）使者的唐太宗（传阎立本画《步辇图》）

在各地设置军府这一机关，在那里组织、训练士兵，再调动到中央及边境。士兵从农民中选择，由于他们从20岁左右到60岁都隶属军府（正式名称在炀帝时为鹰扬府，太宗朝以后称折冲府），故被称为府兵。府兵制之名亦由此而来。不过，建立连接皇帝到府兵的一体指挥系统，使之提升为更完善的制度的人物却是炀帝，即使说太宗的府兵制承袭自炀帝也不为过。

无论是作为土地制度的均田制，还是作为税制的租庸调制，抑或是以三省六部制闻名的中央官制，一般都说是在太宗时期完成。但实际上，太宗不过是在至炀帝时业已完成的制度基础上做一些调整罢了。

太宗在推行新的政治举措的过程中，越发感觉到炀帝的影子，不得不与炀帝的政策相贴近。炀帝的存在感如此巨大，已无太宗立足之地。太宗感到无论如何都必须抹去炀帝的阴影，站稳自己的脚跟。实现贞观之治的意义之一即在于此。

为突出自己与炀帝的差异，太宗抓住一切机会强调炀帝其人及其政治的残酷性，同时塑造与之截然相反的明君形象，描绘自己代替炀帝暴政实施善政的图景。臣子们也意识到这一点，一边大力进言明君应有的状态，一边努力宣扬太宗的贤明。[①]

曰：炀帝不信用臣下，万事一人专断。所以臣下伺其颜色，诺诺用命而已，不能抑其暴政。而陛下择选臣下，以之分担政务，从更高处统领大局。政治在这种信任、分担的关系中稳步前进。

曰：炀帝只信任虞世基那样的佞臣，最终因部下叛乱而惨遭杀害。故君主应兼听广纳，则可避免重蹈炀帝之覆辙。

曰：隋朝的虞世基等媚侍炀帝，贪图富贵，最终与炀帝一同被杀。臣下不论奉仕什么样的主君都一味阿谀顺从的话，国家灭亡，自己也不能苟活。你们要将此事铭记于心，勉力谏言。

曰：炀帝猜疑臣下，很少在朝堂上与他们交换意见。但朕并非如此。朕与臣下如同一体般相互信任。

曰：隋的蓄积、人口、兵力，每一项都胜过今日之唐。尽管已经如此富强，隋仍孜孜苛敛诛求，远征不止，终至灭

---

① 以下言论多取自两《唐书》与《贞观政要》。

亡。陛下务必以此为鉴，排奢侈，力俭约，近忠臣，远佞臣。

曰：自古以来，国之兴亡不在于蓄积多寡，而在于民众苦乐。隋即是近例。在隋炀帝时代，洛口仓及东都（洛阳）、西京（长安）之仓贮积实多，结果却未起到任何作用，徒利敌侧而已。

曰：炀帝时代稍有疑虑即拷问立罪，以无实之罪见杀之人众多。臣下亦知实情，却不敢反对，佯装不知。这是炀帝无道及臣下不忠之故。

曰：炀帝建造壮丽的宫殿，屡次行幸，在各地设置离宫别馆，又广开驰道（高速公路），以至民力不堪，被迫叛乱，至末年寸土皆无。因此，须避免滥用民力，务令百姓安宁。

曰：炀帝的兵力明明十分充足，隋却灭亡了。尔等大臣若能安定百姓生活，便是朕的兵力。

等等。

太宗一改炀帝暴政而行善政，向内外宣传自己的明君形象，从这一立场出发，他积极努力地倾听臣下意见即所谓谏言。炀帝只听一部分佞臣的好话，以自我为中心开展政治，最终失掉国家和自己的性命。如果将这种姿态称为"偏听"，与之相对，太宗标榜"兼听"，即尽可能广泛地、连不顺耳的内容也一并倾听，使之反映在政治上。

所谓政治，乃至王朝，本就不是为皇帝一人而存在。有才能的臣下们聚集在皇帝身边，互相协作，舍弃私欲，秉承至公的精神实现新的政治构想，太宗在最初就是认真考虑过政治的这一性质然后投身其中的。他的内心并非仅否定炀帝和隋朝就满足了。他背负着杀掉亲兄弟而掌权的黑暗过去，迫切需要消弥这一过去，获得当政的正当性。这也是他努力开创政治新局面的原因之一。

太宗要实践"兼听"，必须有优秀的谏官。被选中的是魏徵、王珪，之后马周也加入这一行列。

当时，正式被称为谏官者是门下省的谏议大夫（官位正五品上，定员四人）及其下的左补阙（从七品上，二人）、左拾遗（从八品上，二人）。另外还有与此系统有别的御史台，因是代替皇帝监察全体官僚违法及政治上的不正当行为的机构，亦与谏官职务相近。一般认为其中的侍御史（从六品下，四人）、殿中侍御史（从七品上，六人）、监察御史（正八品上，十人）参与谏诤。可以说，以上两系统宛如车之双轮支撑着国家政治，也被称作台谏。马周正是监察御史出身，后晋升为谏议大夫，因一贯发表合乎理想政治状态的正统论调而闻名。

在此简单提一下被视为唐太宗时期完成的中央官制三省六部制。

首先是直属皇帝，备其顾问，并从事诏敕起草和政策立案等工作的机关——中书省。检查中书省拟定的政策和诏敕是否与先前规定及向来惯例有出入的是门下省。议案在门下省通过审议后转到尚书省，根据内容摊派到六个行政机关，即吏、户、礼、兵、刑、工六部，付诸实施。尚书省相当于

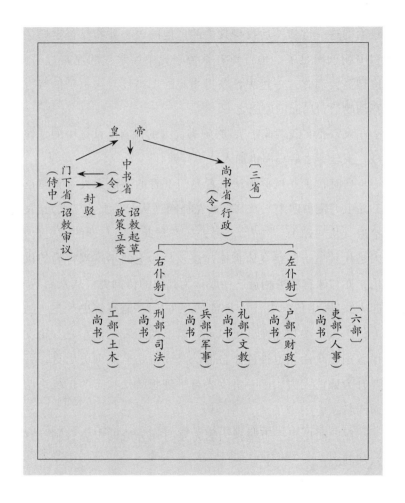

唐中央官制（三省六部制）图

日本内阁，其下六部相当于财务省①、文科省②等各省厅。

中央官制中的三省制大致实现了三权分立。中书省是皇帝的秘书机关，而门下省则从稍疏远的立场肩负着制约皇权的作用，直接地体现出分权意味。皇权的本质是将权限集中于一手，不允许任何事物掣肘，为什么门下省这种机构能够存立呢？

首先不能忘记当时是残留着贵族制影响的时代。从魏晋到南北朝，各式各样的王朝以武力兴起又因武力灭亡。而冷眼旁观这些暴发户们你来我往、争权夺利的贵族们，扎根地方社会，在中央政界积蓄了一股潜在的力量，顽强地存活下来。相对于短命的历代王朝，人们更重视贵族的门第和血统。对朝廷而言，也只有笼络这些贵族才能获得权力的稳定。这种状态持续了很长时间。

在这种贵族社会中，历代皇帝在安排自己人担任要职、掌握政治主导权的同时，为实现政权稳定，将贵族们也编入权力体系之中。在这个过程中，贵族们渐渐聚集在一起，作为代行其意向的机关而被固定下来的就是门下省。另一方面，由皇帝身边侍奉的秘书职中发展出了中书省。而尚书省则是

---

① 管理日本国家财政、预算、税收、金融等事务的最高行政机关，前身为"大藏省"，2001年日本中央省厅重组改称"财务省"。

② 即日本文部科学省，国内一般以其旧名"文部省"称之。2001年，日本中央省厅重组，将原文部省（1871年设立）与科学技术厅（1956年设立）合并为"文部科学省"。

以汉代的尚书为嚆矢，其成员本是地位低下的文书工作者，后发展成参与政治中枢的尚书，之后由于权限为中书所夺，尚书省最终转化为行政机关。

门下省的存在以贵族社会为基础，从这一角度出发，自不难理解其何以具有一定的独立性及监察职能。掌管言事的谏议大夫们代表着门下省的主要职能领域。

再多说一句，门下省有退回中书省议案的权限，此即"封驳"。但由于这一权限在某种程度上带有反对皇帝意见的重要意义，在实际操作中能行使到何种程度并不好说。况且在隋唐统一政权下，皇权增强的同时，贵族的力量确实不断受到抑制。与此相应，皇帝直属的中书系统权限不断增强。门下省地位下降势不可免。可以说，由于太宗本身的自我抑制，太宗时代成为三省以基本对等的关系有效地发挥机能的最后阶段。

太宗念念不忘炀帝的失败，为表现出与之截然不同的君主形象，抑制自己的情绪和欲望，谦虚地接受谏言。太宗和魏徵等在这个过程中的相互问答，之后由吴兢汇集成《贞观政要》。此书作为展示当政者应有姿态的政论书在后世流传甚广，为"太宗是明君"这一观念深入人心做出巨大贡献。此书在日本尤其在江户时代亦被广泛阅读，太宗的名字作为中国历史上的明君镌刻在人们心中。

另一方面，赋予太宗政治以显著特点的是两位著名宰相，

杜如晦画像　　　　　　　房玄龄画像

即以"房杜"这一通称闻名的房玄龄和杜如晦。两人均是在唐军陷落长安前后被迎入秦王世民的幕府，之后为秦王夺取权力出谋划策，并参与了玄武门之变的实施。

> 秦王府中所可惮者，唯杜如晦与房玄龄耳。①

玄武门事变发生之前，皇太子建成曾有此言。他对二人的畏惧可见一斑。

作为太宗心腹的二人，之后为整备体制、稳定政治呕心

---

①（后晋）刘昫等：《旧唐书》卷六六《杜如晦传》，北京：中华书局，1975年，第2468页。

沥血。在太宗统治开始的贞观初年，杜如晦43岁，房玄龄50岁，正是辅佐年轻君主的好年纪。魏徵此时48岁，也与二人处于同一年龄段。贞观之治是由这一年龄段的人们所开创，这一点值得铭记。

房玄龄的政治手法以公平、谦虚为要旨。他仔细听取人们的意见，在全面把握事态的基础上稳健地处理案件。与之相对，杜如晦头脑敏锐，思路明晰，处理政务干脆利落如流水一般，判断果敢而准确。

世传太宗尝与文昭图事，则曰："非如晦莫能筹之。"①

这一记载形象地揭示了二人的处事风格。一位是努力、深思熟虑型，另一位是天才、能吏型，二者类型完全相反，因而能够互相尊重，协力互补。

只是，杜如晦在贞观四年（630）便以46岁之龄去世。就这一点而言，后世将二人并称，看上去似乎是他们一手包揽了贞观之治，其实稍微有些误解。杜如晦死后，房玄龄全权统揽政务、同时魏徵以谏官身份勉力进言的形式固定下来。太宗朝的政治很长一段时间是在这两方的平衡中前进的。

①《旧唐书》卷六六"史臣曰"，第2472页。

　　房玄龄在太宗驾崩前一年的贞观二十二年（648）去世，在此之前，他隐藏在太宗背后，埋头处理政务，避免以宰相身份明确表达意见。特别是进入贞观后半期，这一倾向越发强烈。他宛如太宗的影子，在沉默中显露着自己的主张。

　　有这样一个逸闻，表现了房玄龄和太宗的关系。

　　贞观二十一年（647），太宗为避暑行幸位于长安以南终南山麓的翠微宫，令房玄龄留守京城。太宗在翠微宫下令以司农卿李纬为户部尚书，但之后担心房玄龄的反应。恰逢京师来使，太宗偷偷以此事询问使者。使者回答："房玄龄大人，唔，他说那个人好髭须，除此之外什么也没说。"听到这话，太宗立刻给李纬安排了其他职位。

　　房玄龄心知肚明，太宗的政治姿态一定会变化。从以炀帝的暴政为鉴、为避免重蹈覆辙而抑制并导演自己的最初阶段，向自信满满、唯我独尊的姿态转变。只要是人，热情和紧张感就不可避免地会随着时间的流逝而不断淡化。他只能通过约束自己，以保持稍许的平衡，房玄龄是如此达观。

　　由于他万事都是这种态度，避免了君臣二人的正面冲突。房玄龄在太宗手下供职长达20余年，仅有一次受到苛责。太宗一有机会，就把他比作汉代的萧何。萧何是汉朝宰相，从汉高祖刘邦起兵，及与项羽激烈斗争，到其后建国，一直在刘邦背后默默支持他。太宗对房玄龄寄予全心的信赖。

　　太宗的执政态度确实从贞观十年（636）左右开始变化。

感受到这一点的谏官，开始劝谏太宗勿忘贞观初年，但他们的谏言并不一定会像以前一样受到尊重。即使谏官作为制度而存在，但其能否有效地发挥职能，最终还是取决于所奉仕的皇帝。

第五章
太宗的继嗣问题

太宗批判隋炀帝的暴政，明确表示不会重蹈其覆辙。为此，他谦虚热心地听从以负责劝进的谏官为代表的臣下们的意见。世称"贞观之治"的盛名，以及作为明君的声望，均是在这个过程中形成的。

然而纳谏其实是很辛苦的事情。想在处理政务的间隙歇口气去郊外跑马，可是身为君主不允许行为如此草率，从马上摔落下来怎么办、不要侵扰百姓生活等等的批评就会出现。即便只是喂喂鹰，养只鹦鹉，也会被规劝：人心软弱，这些虽是小事，却关系到骄奢淫逸习性的养成。面对这种情况，皇帝也只能说"原来如此""很有道理"，不得不听从。皇帝不能有私人娱乐。

贞观之初，有一位民间人士对太宗说："请除掉您身边的佞臣。"

"佞臣是指哪位呢?"

"草民住在市井之中，不知道谁是佞臣。请陛下佯装发怒来试探一下大臣们。凛然无畏者为正直之士，阿谀献媚者便是奸邪之人。"

即使对于如此不负责任的要求，太宗也郑重地回复，请求他收回意见。明知对方意在通过这种哗众取宠的行为来推销自己，然而太宗担心若是随便敷衍过去，可能会被风传成封闭言路。

到太宗统治的后半期，他开始强烈地意识到自己的后世形象问题。自己拼命埋头于政事，积极听取臣下的意见，努力维持社会安定，应该能受到与炀帝不同的好评，被褒赞为明君。太宗内心抱有这样的自负，反而因此对于史书如何记载担心得不得了。

有一次，太宗询问褚遂良："卿负责撰写起居注（皇帝的言行记录），能让朕看一看其中的内容吗？"

褚遂良回答说："史官记录君主言行，无论善恶皆载其中。这正是为了让君主莫行错事，君主要求自观己史之例闻所未闻。"

"那朕若有不当之处，卿也一并记下来吗？"

"既然臣的工作是史官，自当无事不记。"

随后刘洎结束了二人的对话："假使令褚遂良不记，天下亦会记之。"

秉笔直书以传后世是身为史官的职责和义务，这一伦理观在中国很早就形成了。据此正君主之非道，约束其行动，以保证政治的正常运行。当然，史官的中立性并非在任何时代都能被恪守，但承认"直笔"这一行为的重要性，已然成为某种不成文的规则。

太宗想要踏入这个禁区。任谁都想看一看自己在史书中被如何书写。但这种行为为一般观念所不许。反之，皇帝应当约束自己的行动，让这种形象如实载入史书以留名后世。而太宗想让君主和史官的这种关系向己方倾斜。

太宗那时姑且作罢，但到底还是十分在意。不久之后，太宗再度与以宰相身份监修国史的房玄龄商量。房玄龄同样拒绝了他，可太宗仍不气馁："朕的情况和其他人不同。朕作为帝王，想通过观看史官的记录，之后引以为戒，务必给朕看一看。"房玄龄不得已，汇集成《高祖实录》和《今上实录》，供其阅览。

太宗所介意的不言而喻是六月四日之事，即玄武门之变的行为会被如何记载。然而核心部分被模糊处理了。这当然是在御览之前已被偷偷改写。在房玄龄等看来，杀害自己的兄弟以及从父亲手里强行夺取实权等事，知晓本人要看，自不能如实书写。对此并不知情的太宗表示非常不满，放言要秉笔直书，命其重写。太宗就这样开启了君主可以阅览国史的恶劣先例。

太宗对历史的关心可谓格外强烈。这一时期集中编纂了南北朝时代缺失的正史。即《晋书》《梁书》《陈书》《北齐书》《周书》《隋书》以及《南史》《北史》等，这些史书编修的背后有太宗的全面支持。其中总结三国时代之后的西晋和东晋历史的《晋书》，太宗亲自书写了卷首的宣帝（司马懿）本纪和武帝（司马炎）本纪。此类皇帝亲自执笔正史的事例，除太宗之外，前无古人后无来者。

为什么他要书写这两篇本纪呢？因为晋朝隔着南北朝的分裂与唐朝相对，虽然一度成功统一，结果却开启长期分裂之端绪，作为唐朝的创业者对此不可能毫不关心。司马懿（仲达）是在五丈原与诸葛孔明作战的人物，奠定了晋（西晋）的基业。司马炎是司马懿的孙子，他终结了三国的分裂，成为西晋的第一代皇帝。司马懿夺取曹魏实权，而司马炎掌权后安于享乐、将未来之绸缪置于脑后，太宗看到这些情况，将之作为他山之石。

虽说如此，总觉得太宗对历史的关心和对记载的执着中有些不同寻常的意味。如果认定自己是盛唐的创造者，并自负后世之评价堪称明君，应该摆出更坦然的姿态才对。若政绩卓著，深得百姓信重，答案不言自明，莫如任凭保持中立的史官之手书写就好了。他本应如此，却没能做到。这是为什么呢？

原因之一在于太宗体内流着非汉族的血。李唐皇室经过数代的汉化过程，风俗习惯也好，语言也好，甚至教养都变成汉风。即使如此，要说已经完全脱离鲜卑游牧习气，还是有一丝不确定。尤其在血统上，面相体貌明显是鲜卑北族。

越想着和汉族相同，将他们的历史视为自己的历史，便越发疑虑，汉族人真的这么看吗？他们真实的想法是什么？太宗心底总是盘桓着这种压抑的情绪。

另一方面，太宗晚年面临着更为严重的问题，即继承人的选择。与兄弟殊死斗争登上帝位的过往已经成为太宗摆脱不掉的心结。明明下决心起码在自己的继承问题上不要重蹈覆辙，却还是陷入同样的事态。太宗将之视为自己的不明智所造成的恶果，深感耻辱，掩饰这一污点、期望唐祚永存的想法越发强烈。他对历史的关注也与这一因素有关。

太宗与正妻长孙皇后生了三个儿子。分别是以长子身份被立为皇太子的承乾、魏王泰、晋王治。

长孙皇后是一位罕见的贤夫人。她的父亲是隋朝高官长孙晟，为关陇系正统出身，从13岁嫁于太宗至36岁芳年早逝，这23年间一直致力于做太宗的贤内助。特别是在玄武门之变前的紧迫事态中，她勉力服侍公公高祖，讨好后宫的嫔妃们，努力弥补丈夫的不利处境。

长孙皇后有一位兄长，名为长孙无忌。由于长孙皇后比太宗小三岁，一般认为无忌和太宗基本同岁，且两人是发小，有着肝胆相照的交情。无忌经常和太宗一起行动，作为太宗的心腹，与之一起走过包括玄武门之变在内的各种危机，之后作为元勋在政界举足轻重。

众所周知，肩负贞观年间政治的是房玄龄、杜如晦、魏

魏徵画像

徵、王珪等多姿多彩的人物，但实际上他们基本都不是关陇系。房玄龄是北齐系，隋末为隰城（山西汾阳市）县尉（警察局长），在世民即将进入长安时请求谒见，毛遂自荐，进入世民的幕府。

魏徵也是北齐系，胸有大志然无用武之地。他在隋末加入李密叛军，之后降唐，此事前已述及。王珪祖父是南朝梁的著名将军王僧辩，到王珪父亲时流亡北齐。王珪本人在隋朝因身涉炀帝弟弟汉王谅的叛乱而长期逃亡，唐入长安后奉仕皇太子建成的东宫，后转事太宗。

只有杜如晦出身北周仕宦之家，为京兆长安杜陵杜氏这一名门血脉。然而其家并非位于政权中枢，虽说是关陇系却只是边缘门第。他自己在隋末任滏阳县（河北磁县）县尉这一低级职务，之后弃官归家，成为世民幕府中的一员，借由房玄龄介绍，才真正得到世民承认。从这个过程来看，他的关陇系出身与之后受到重用并无多大关联。

从以上诸人的经历可见，在太宗朝承担实际政务主要看个人资质，是否为关陇系是次要的。但要说关陇系因此让出了全部席位，也并非如此。他们在背后牢牢掌握着实权，其中心人物就是长孙无忌。太宗朝的政治可谓双重结构，太宗凌驾于双方之上。

再说回长孙皇后。她成为皇后之后也一直避免出现在朝局中。不仅如此，对于兄长及家族被重用之事亦甚为忌避。因为担心外戚掌权的危害，以及长孙氏会由此成为众矢之的。她临死之前拼命发出最后的声音规劝太宗："现在房玄龄因为些许小事受到陛下谴责，被命归家。玄龄迄今为止一直奉仕陛下，各种秘密计划和重要工作皆有参与，着实是可信之人。无论如何请求陛下不要因为一些小错失去如此重要的助手。"

关陇系和非关陇系平等的协作关系，正是安定权力所不可或缺的，她看清了这一点。

可惜的是，她在贞观十年（636）六月以仅仅36岁之龄去世。失去心灵支柱的太宗十分痛苦。他的政治手段从这一时期开始改变，与长孙皇后的死也绝非无关吧。但比起太宗，她的死亡对于留下来的儿子们影响更加不可估量。那时，长子承乾20岁左右，泰19岁，而治还是个9岁的孩子。可以说他们的人生态度以此为界完全发生改变。

影响首先在承乾身上显现出来。

他作为尚是秦王的世民和长孙氏的长子，在万千宠爱中长大。他在成为皇太子之后，处事明敏，决断政务时皆能抓住重点恰当应对。太宗十分高兴，放下心来。他想，这样一来就可以避免重蹈自己当初夺嫡之争的覆辙，走上传位于嫡子的正常轨道。

只是承乾年幼时可能患过小儿麻痹，一只脚有疾。大概是这个原因吧，随着年龄的增长，他拼命想要粉饰自己的外在，而背地里行为完全不同，形成双重人格型的性格。但母亲长孙氏在世时，这种性格还没有表现出来，即使有也无甚影响。

自从长孙氏死后，太宗看承乾的眼光就变了。因为他开始明显偏爱比承乾小一岁的弟弟泰，对承乾日渐冷淡。泰和兄长不同，体型肥硕，动作缓慢，但因此反而洋溢着大人物的风范。而且，泰抓住了取悦父亲的关键。他像过去父亲在秦王时代一样，也在身边聚集众多文学之士，摆出爱好文学和学问的姿态。太宗很高兴，为他造文学馆。泰发动学者们编纂了汇集唐初地志、地理的《括地志》，令父亲太宗大为开怀。

这些行为无疑深深刺激了承乾。本来就是容易走上歧途的时候，父亲又表现出宠爱泰的样子，再加上有过去父亲的先例。父亲是不是想以泰为储君？他的不满和不安越发强烈。母亲在的话应该会帮我，现在连个替我说话的人都没有，他越发感到孤立。

承乾为发泄心中忧愤，在东宫豢养优伎和乐人，大作歌舞音曲。其中有一位美姿容、善歌舞的十几岁少年，名为称心。承乾十分宠爱那位少年，陷入倒错的性关系。太宗听闻之后大发雷霆，立刻强行将称心带走，连其他逢迎拍马之人一道处以刑罚，然而事态非但没有就此了结，反而变得越发复杂。

承乾忘不了称心，思念与日俱增。他在东宫中建造了一个屋子安置称心的雕像，朝夕祭拜，在旁边扑簌簌地流泪，徘徊不去。之后，他又在宫内一角起冢立碑，表达哀思。在这种异常的心理状态下，承乾坚信一定是弟弟泰密告了自己与称心的关系，怨念更甚，决心必报此仇。

几个月后，承乾仿佛把之前的事情忘得一干二净，开始新的动作。他接着令属下的几十个奴隶学习乐器，梳胡风发型，穿着绢服，又唱又跳，昼夜不停地大闹。

他又准备了巨大的铜制锅釜，烹煮偷来的牛马肉，和下属们围坐在一起大吃大喝。又选拔貌似突厥的人分为小组，让他们编突厥辫发，穿羊皮衣，相互对战以取乐。承乾自己在庭院里支起突厥帐篷，在其中起居，进食亦是以腰间佩剑切割烤全羊来吃，仿佛要做一位游牧社会的酋长。

有一次，承乾自己扮作突厥可汗，玩葬礼游戏。部下们大声悲泣，骑马环绕在他身边，学用刀划脸以示吊唁的风俗，然后他慢慢地站起来，说："如果我登上帝位，立刻率领数万骑兵投奔西突厥可汗阿史那思摩，请求做其麾下的一个诸侯，怎么样？"

又说："我做天子的话，想做什么就做什么。若有人劝谏，就逐个杀掉。杀五百人的话，应该就没有人反对了。"

他一味沉浸在自己的内心世界里，自暴自弃，越发疯狂。他已经听不进周围的劝说。身体的缺陷、母亲的死亡、和弟弟的争执、与父亲的反目，在背负这些重担的过程中，他内心紧绷的弦断裂了。其结果是让自己沉浸在突厥游牧世界中，幻想从所有束缚中解放出来。这是感情抑郁的反面，是逃避现实的表现，但同时也是他体内流淌的游牧民族意识觉醒的结果。

精神失常的承乾对弟弟泰的恨意越发强烈，甚至派出刺客策划暗杀，结果并没有成功。这样一来，他之后只能朝着扳倒父亲太宗的方向前进了。那时，承乾身边有一群在太宗朝不受重用的不满分子和寄希望于下一代皇帝的野心家们出入，即太宗的弟弟汉王元昌和兵部尚书侯君集等。承乾和这些人一起，互相把腕血滴进一块布条里，再把布条烧成的灰混入酒中喝掉。他们通过这种秘密仪式，缔结生死契约。

正好同时期的贞观十七年（643）年初，在山东齐州发生了齐王祐的叛乱。李祐是承乾的异母弟弟，素行不谨，受到太宗谴责，怀恨在心，便在毫无准备的情况下反叛了。接到报告的承乾，对心腹纥干承基嘟囔："我居住的东宫的西墙，距大内不过二十步（30米）。若我与诸君起兵，必不会像齐王这样，定一举成大事。"

承乾越发想要起兵，但在动作之前，他身边走漏了风声，因为纥干承基。实际上，纥干承基同时偷偷参与了齐王之乱，因此被逮捕，判处死刑。他为逃脱死刑，告发了更大的阴谋。

皇太子承乾的政变计划就这样被发觉，相关人员被一网打尽。承乾被剥夺太子之位，废为庶人，流放到黔州（四川）。对于不堪皇太子之位的重压而崩溃、又拼命绷着架子活下去的他来说，这个结局终于让他看到了安宁之所吧。他在一年后于配所死去。

但是，事情并没有结束。承乾下台后，留下了立谁为皇太子的问题。不过这个问题看起来似乎并没有那么棘手。因为太宗疼爱的、公认的种子选手魏王泰正在候命。

太宗十分喜爱魏王的举手投足和喜好学问的姿态。由于身体肥硕，太宗特许他乘舆进入宫内，又特地驾幸他位于长安城内延康坊的府邸，当场免除附近居民的租税，并颁布了赦令。之后承乾开始想要泰的命，太宗以安全为由意欲让泰入居宫中，住在自己附近。其宠异如此，最终受到魏徵的强烈劝谏。

从以上宠遇程度来看，即使不是承乾也必然伤害别人的感情。在皇位继承问题上不要重蹈自己的覆辙，太宗明明下了这样的决心，自己却首先破戒，招致相同的结果。承乾变疯狂的一部分责任必须由父亲来承担。事已至此，太宗意识到事态的严重性，非常自责。

长孙无忌画像

等到太宗冷静下来，长孙无忌和褚遂良等提出以晋王治为皇太子最为恰当。他们的说辞是："这次的不幸本来就是陛下乱嫡庶①之分、过分宠爱魏王的结果。而仗着陛下的宠爱，与兄长承乾相争图谋夺位的魏王也有责任。陛下希望承乾能以庶人身份活下去，但假使陛下万岁以后，魏王登上帝位，承乾自然不能存活。而且，晋王既然也处在与魏王争夺嗣位的立场上，当然也不能保全性命。晋王素有孝行，性情仁厚。为了让这一切圆满收场，立晋王为皇太子应当最为合适。"

太宗本来还想立泰为皇太子，这下彻底退却了。再加上在

---

①李承乾与李泰均为太宗正妻长孙皇后所生，原本均属嫡子。但当承乾（嫡长子）被立为太子，没有皇位继承权的其他嫡子（如李泰）即可称"庶子"。

政界拥有巨大能量的长孙无忌及与之共进退的褚遂良等的劝说，太宗最终接受了他们的意见，立李治为新皇太子。这个决定一下达，原本确信自己会成为太子的泰即刻沦为幽闭之身。他之后在均州的郧乡县（湖北）生活了十年左右，于35岁时去世。

皇太子问题就这样解决了。被选中的是当初谁也没有预料到的太宗第九子、年仅16岁的晋王治。这是贞观十七年（643）四月之事。他就是唐朝第三代皇帝、令则天武后登上历史舞台的高宗。

虽说如此，长孙无忌等为什么要推举李治呢？这想来是一场豪赌。从当时的情势来看，魏王即位被视为理所应当。别的不说，太宗本人一直很疼爱他，允许他享受特别的待遇，这是众所周知的。李泰本人从年龄也好，从气质、见识及对父亲太宗的孝心等方面来看也好，可以说是无可挑剔。公认皇太子由他担任是自然而然的。

但李泰自身有咎。他仗着太宗的宠爱，不把兄长承乾放在眼里，自己表现出觊觎皇太子之位的举动。有些人极其讨厌这一点，而这种时候，他又给了反对派另一个可以利用的口实。他恐吓跻身为自己对手的弟弟李治："你和承乾一党的汉王元昌关系很好吧。这在以后可能会成为问题哦。"以此暗示他退出竞争。这件事情被密告给太宗。将来泰登上帝位的话会容不下治，泰是一个度量狭窄、不诚实的人，不适合继承皇位，这些想法被长孙无忌等一股脑地植入太宗心里。

　　长孙无忌此时只能推举晋王。无忌在太宗麾下从建立统一事业到玄武门之变，乃至肩负之后的政治，他自负为元勋和关陇系势力的中心。为在太宗去世后依然维持这一地位，继嗣问题必须由他主导决定。但是魏王已经二十四五岁，已经到了能够用自己的眼睛观察、判断这个世界的年龄，且绝不是平庸之辈。事到如今就算无忌拥立他，能对他有多大的影响力也令人疑虑。

　　再加上积极推举泰的中心人物是岑文本和刘洎。这两人都是南朝系，隋末供仕于盘踞扬子江流域的萧铣，之后降唐。泰继承帝位后，可能会变成这些非关陇系的人掌握实权。这是无忌绝对要避免的。

　　相对而言，晋王尚且年幼，又怯懦体弱，原本与继承帝位无缘。但对长孙无忌而言，他的条件却更为合适。自己作为舅父和创业元勋，对他又有拥立皇太子的恩义，无忌预想自己作为监护人，继续沿着太宗铺设好的路线前进。

　　围绕承乾下台后的皇太子之位，向魏王倾斜的大势被长孙无忌等扳向晋王。这几乎可以被称为政变。太宗说服自己，在守护自己构筑的体制和政策方面，相对于三心二意的能人，治这种性格或许更为合适。他就这样把后事托付给了长孙无忌等。

　　但是，孰能料到，在他们寄予厚望的高宗治下，长孙无忌和褚遂良等结局悲惨，太宗的路线被变更，最终甚至陷入连唐朝本身都被否定的局面。动摇高宗的不言而喻是则天武后其人。但不能忘记的是，则天武后强烈的个性往往与高宗的性格有深刻关联。可以说，则天武后的登场，从晋王治被立为太子之时就已注定。这应该说是命运的讽刺吧。

不管怎么说，高宗就此登场。接下来，我们的则天武后也终于要出场了。

第六章

武照^①的出生和武士彟

"感谢您的养育之恩。女儿这就入宫了。"

少女跪下来，双手在胸前合十，睁大眼睛凝望着母亲，口中干脆地说出分别的话语，之后便头也不回地登上迎接的车驾。看着她离去的背影，母亲眼里蓄满泪水，在两个女儿的搀扶下，一直目送她直到看不见为止。

平日，少女总是掖起裙摆、卷起袖子蹦来跳去，有时还在院子里策马奔驰，是一个活泼好动的女孩。她笑起来露出一口皓齿，伴随着清亮的歌声和欢快的娇笑，所到之处气氛常常如花儿绽放一般瞬间欢乐起来。今天，如此可爱的女儿要以女人的身份盛装启程，为的是在一个举目无亲的地方生活。她的目的地是宫中，也就是皇帝身边。她真的能顺利吗？

---

① 气贺泽先生认为武曌之"曌"源于"照"字，武后原名武照，故以武照之名行文。为尊重作者本意，译稿行文亦遵从原文"照"，谨作说明。

下次相见要到何时？母亲想到这个可爱女儿的未来，在别离时落泪自是在所难免。

少女身材修长，胸脯已经鼓起来，相较尚留有几分孩子气的举止，外表已近乎一个出色的女人。她面庞丰满，是一位美人，有着灵动、细长、清澈的眼眸，挺翘的鼻梁，丰润的红唇，饱满的脸蛋和略为方正的下巴，以及聪慧的宽额头。丰盈的黑发在她的头顶盘成高高的发髻。她双唇紧闭，目光沉静，美丽的脸上浮现出对万事都不轻易妥协的坚定神色，由此可以窥见她要强的性格。

少女在乘坐的车驾中挺直身体，一动不动地凝视前方，不可思议的是眼泪却怎么也流不出来。与母亲、姐姐和幼妹等骨肉至亲的离别确实令人心碎，住惯的房屋、经常玩耍的庭院里的树木和花园，这些都可能是此生最后一次相见。过去眷恋的风景从此画上句点，即便这么想，她的心中依然体味到某种畅快，因为终于从家中盘踞的可怕阴影中解放出来。

少女的父亲在前一年去世，但父亲和前妻生了两个儿子，她的母亲作为续弦嫁进来时，他们已经接近成年。由于作为继妻的母亲最终生下的三个孩子都是女儿，有资格继承家产的自然只有前妻的两个儿子。

他们明里暗里极尽刻薄地对待她们母女四人。开朗要强、从不服输的次女经常因反抗而受到欺凌，每当这时，她就在心中反复思忖，总有一天要给他们好看。她期待以这次入宫为转机，摆脱阴险的异母兄长们的欺凌，甚至有朝一日能报仇雪恨。

　　她又在想，今后要侍奉的皇帝是什么样的人呢？历史上还未曾有哪位皇帝表现出如此卓越的军事、政治才能。他能抓住臣下的性格，令之各尽其能，定是富有人格魅力的胸怀宽广之人。人们都称颂说，直到十几年前还是人相食的萧索乱世，多亏了他才能迎来今日的太平盛世。"能够进入这位皇帝的后宫，你是多么幸运啊！"周围的大人们都这样恭喜自己。

　　自己可能确实是幸运儿。但他真的像人们所说的那样完美而出色吗？真想用自己的眼睛好好观察，用自己的身体充分感受。听说后宫是魑魅魍魉集聚的世界，但我绝不会输，无论如何也要在那里生存下来，开辟自己的天地……

　　怀抱着这样的梦想，她乘坐的车驾静悄悄地进入宫门。这是贞观十年（636）的秋天，是之后的则天武后登上历史舞台的第一步。此时，她十四岁，而太宗已经到了作为男性而言最为圆熟的三十九岁。

　　　　则天皇后武氏讳曌，并州文水人也。……初，则天年十四时，太宗闻其美容止，召入宫，立为才人。①

　　《旧唐书》的《则天皇后本纪》如此起首书写武后的一

----

①《旧唐书》卷六《则天皇后本纪》，第115页。

生。

她姓武，名曌。"曌"这一文字独一无二。这是她创造的新字、世称则天文字的其中之一，原字是"照"。"曌"的意思是日与月在同一片天空上照亮世间万物，她之后用这个字来比喻自己。

当时几乎没有女性在史籍中留下名字。她通过自己创造的新文字，向世人传达她是拥有"武照"这一固定形象的女性。

武后出身于并州文水武氏。

并州指今山西省省会太原市及其周边地域。山西省地处平均海拔1千米的高原，高原之上厚厚地覆盖着冰河时代以来从西北中亚地区吹来的风裹挟的黄沙。并州位于高原中央的盆地，文水是并州辖内的一个县名，在太原西南约70千米处。此地在今天仍叫文水县。

此地附近的黄土层平均厚度超过百米。以黄土为形的粒子原本就非常细小，保水能力差，难以将降水蓄积在土壤中。因此，一旦降雨，黄土层的表土便随雨水汇成浊流，一路向下，最终注入黄河。在这种侵蚀下，到处都是被水流切割成的深谷和台地，形成黄土地带特有的富有起伏的景观。

并且，这一地区年降水量少，除夏天的一段时间外，气候长期干燥。旱季地面干硬龟裂，风一吹便黄尘漫天，令人苦不堪言。农民们自古以来就在如此严酷的环境中勤恳劳作，养育子孙。武后的父族就是从这在今日中国也属于贫困地区的山西省中央地带起家的。

　　武后的祖先世代以何为生尚不清楚。之后她登上帝位，在太庙祭祀七代先祖时就因此犯过难。父亲和祖父那代还知道名字，再往前就算想要祭祀也难以追溯。虽然她随便捏造糊弄了过去，但其家显然与世系渊源明确的门第有很大差距，基本可以看作是世代居住在文水县的相对较为殷实的农民家庭吧。

　　武氏家族到武后父亲士彟那一代才为世人所知。

　　武士彟于 577 年出生在文水县。这一年正逢北周打败北齐，统一华北，位于北齐境内的文水县也由此被纳入北周治下。从西魏到北周再到隋朝，周边诸政权在惊涛骇浪的统一大潮中不断被吞并。武士彟恰在这一时期出生。

　　他好像自年轻时就是一个机敏的男人，善于钻营，且出人头地的欲望比一般人更强烈。关于他有这样一个故事：

　　武士彟在尚未出名的青年时期，与同乡一位叫许文宝的人一起买卖木材。他那时不单做买卖木材的中介，还自己种植数万棵树木，培育成森林，通过卖掉这些树木获得巨大的利益。

　　他在长成的大树下对许文宝吹牛说：“我就像这些树木一样，有干大事的能力。将来一定会出人头地！”

　　“你若是树木，我就是在不断生长的树木阴影下腐朽、化为肥料的枯木。让我成为你飞黄腾达的助力吧！”

　　许文宝如是说，誓言协助武士彟，一生与他共进退。

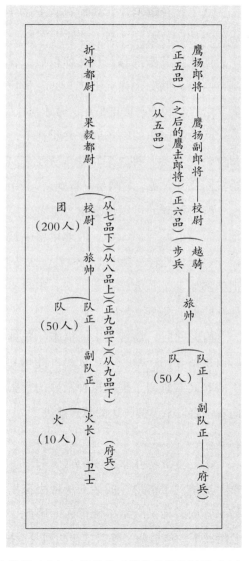

唐折冲府图（左）与隋炀帝时期鹰扬府体制图（右）

武士彟在隋末担任鹰扬府队正这一职务。鹰扬府相当于唐的折冲府，是府兵制下的地方军府，其中50名府兵组成一队，队正即其指挥官。炀帝即位后，在全国设置鹰扬府，计划整备府兵制，加强兵力。为此，他拉拢地方有实力的阶层做军府官。武士彟也正是在这时才与权力的最末梢搭上关系。

武士彟任职的鹰扬府在并州辖下，而隋末赴并州任太原留守的是李渊，即之后的唐高祖。隋末动乱正式开始之时，为巩固北方守备，与隋皇室有姻亲关系的李渊被派遣到这里。

所谓留守，可以说是作为皇帝代表被委任全权统领要冲地区军事、政治的人物，因此也格外被中央防范。这是因为留守有据任地轻易独立的危险性。炀帝自然考虑到了这一点，但为抑制动乱扩大，被逼无奈，不得不起用虽为姻亲、终是异姓的重量级人物李渊。

与此同时，炀帝又采取措施，安排自己人做副留守，严密监视留守的一举一动。太原（并州）地区配置的副留守是王威和高君雅。正是在这种微妙的紧张关系中，武士彟开始向着一直以来飞黄腾达的梦想前进。

武士彟最初并非李渊的直属部下。他原本和李渊过从甚密，交情到了离得近的话能顺便去家里对饮一夜的程度，但另一方面，他又交结王威等人。因此，在李渊举兵前夜的紧急情况下，他被两个阵营依赖的同时也被他们防备着。

他充其量不过是一介军府官，却活动于大郡太原的地方政界中，与其本职毫不相称。这之所以成为可能，是因为他作为木材商所蓄积的财力。对他而言，队正不过是打入地方政界的一个跳板。

由于以上原因，武士彟没能参与到李渊等人决心起兵的秘密计划中。虽说最终参与起兵，做了一些得以跻身于创业功臣之列的工作，但仍难免有出手较晚之嫌。为挽回这一点，他抓住唐军进入长安城之机奉承李渊说："我曾梦见您入长安登上天子的御座。"即自己预感到李渊成为天子的未来。李渊笑着回答说："说什么呢。你那时不是王威一派的吗？只是为我们遏制了王威方面阻挠举兵的动作，为报此功才给你官做。现如今事成了，你竟然说出此等显见的大话！"

话虽这么说，但李渊绝非讨厌武士彟。他们虽说身份不同，却是能够一起饮酒的交情。二人个性有些相似，均不拘小节、心胸宽广。并且，武士彟忠于职守，用心做事，不是那种玩弄计谋、在政界巧妙游走的老狐狸。因此，虽说他确实有明显的溜须拍马，却也不至于被李渊一脚踢开。

唐朝成立后，武士彟在中央做了一段时间的工部尚书，即相当于日本的建设大臣。之后，他历任扬州都督、利州都督、荆州都督等地方长官，于贞观九年（635）在荆州（湖北）任地亡故，时年59岁。恰在此前，高祖李渊驾崩。据说武士彟接到讣报后悲痛过度，因以成疾，最后号哭吐血而亡。

武士彟虽跻身李渊旗下的唐王朝开国功臣之列，但并非主要人物。这与他参与起兵的时间有关，不过归根结底还是由于他的出身。虽说他在文水县一带拥有一定的势力和财力，但未能进入隋及唐初的政界中心。李唐皇室和拱卫其周边的人员的血统，是继承西魏、北周以来中枢系统的名门关陇集团，从这一点来看，如武士彟之类不过是彻头彻尾的新人而已。而有趣之处在于，这些新人从隋末动乱中崭露头角，在唐的体制下获得了活动、成长的空间，在这个延长线上出现了则天武后。

以下事件更能说明李渊和武士彟的关系绝非恶劣。

武德初年，武士彟担任负责宫中警备的禁卫军，长期宿值宫中，全然不顾家中之事。在此期间，即使幼子死亡、妻子生病，他也未曾休假。最终，相伴他多年的妻子亡故。

他的妻子名相里氏。历史上没有出现以"相里"为姓的著名人物。她大概出身于并州附近与武士彟家门户相当的家族吧。二人之间除夭折的孩子以外，还有两个儿子，长男元庆，次男元爽。两人的婚姻生活大概持续了二十年。

相里氏死后一年左右的武德三年（620），李渊叫来武士彟，说："我为你介绍一个好女人吧！她是隋朝皇室、隋纳言（唐制的门下侍中）杨达的女儿，贞淑聪明，定会成为你的贤内助。"

李渊告知他后，将婚礼完全交由女儿桂阳公主去办，经费也全部从公费中支给。

杨达的家族是弘农华阴杨氏这一汉族名流，属于关陇集

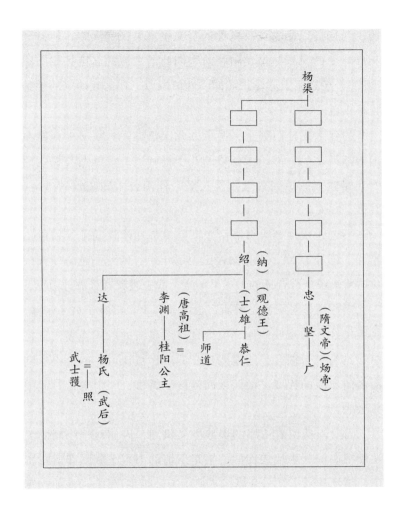

武后母亲杨氏世系图

团，与同样以弘农杨氏自称的隋朝皇室虽说是同族，但血脉相异。他的兄长是推动隋朝前半期政治发展的名臣杨雄（观德王），杨达本人亦学识渊博、性情温厚，作为政治家的手腕也很出色。

为什么是桂阳公主一手承办此次婚事呢？事实上，她在前夫战死之后，嫁给了杨雄的儿子杨师道。杨师道与杨达的女儿是堂兄妹。因为这一层关系，桂阳公主知晓她的事情，并做了媒人。

不过，这位杨氏可能由于家庭事务和隋末动乱等错过了婚期，已经42岁，作为女性已上了年纪。因此，她必须找一位同年龄段条件合适的人尽早结婚。武士彟就这么被选中了。

这件婚事对于武士彟而言也绝非坏事。出身于穷乡僻壤、名不见经传的家族的他，能娶到这般名流的后代为妻，且婚事还是由皇帝撮合。这说明自己的工作被认可，门第也达到与名门比肩的程度。他两度回复接受婚事，一定也是对此很感激吧。

当时尚残留着浓厚的贵族主义风潮，人们对于门阀的关注度很高。其中代表性的门第是所谓的山东士族，即博陵崔氏、清河崔氏、太原王氏、范阳卢氏、荥阳郑氏、赵郡李氏等。之后太宗为将这些旧士族的门第置于李唐皇室之下，下令编纂《氏族志》，孰料成果仍是以博陵崔民干为首位，唐室的门第陇西李氏屈居第三。愤怒的太宗将之驳回，勒令重修，最终唐室的李氏被放在第一位。从这一过程可以窥见唐初门阀观念在社会上依然根深蒂固。

　　不管怎么说，武士彟通过与杨氏结婚，从门第层面也一步登天，实现了未出名时期抱有的飞黄腾达的梦想。这时他44岁，对开始新婚生活而言年龄有些偏大，但他不再像从前那样只顾工作，而是回归了安定的日常生活。就这样，二人接连不断地生了三个女儿。

　　三个女儿之中，次女名照，不言而喻即之后的则天武后。姐姐武氏嫁给了贺兰越石，武后在宫中掌握实权之后，她被授予"韩国夫人"的称号，在宫中活动。妹妹与一位叫郭孝慎的人结了婚，但她身体虚弱，连孩子也没留下就早早谢世。姐姐韩国夫人最终也不幸死亡。姐妹三人成年之后生活轨迹还没能重合就阴阳分隔了。

　　与粗俗的武士彟相反，在弘农杨氏的深闺大院里出生、长大的杨氏，是皮肤白皙的美人。大概是像她吧，女儿们也长得十分美丽。父亲笑眯眯地关注着她们的成长，但他还没来得及看到女儿们的未来，就在59岁时去世了，遗体被运回故乡文水县安葬。他与杨氏的婚姻生活持续了十五年。

　　武士彟涉足政界之初，一度犯下站错队的失误，但此后几无大过地度过了自己的仕宦生涯。即使在玄武门事变之际，中央高官都需面临何去何从的难题，他也因身在地方得以避免艰难抉择。由于他是旁系的暴发户出身，便没有指望站在主流政治中心，如此也姑且可以算是被上天眷顾的一生吧。

但他在死后却没能安心长眠。他没有想到，心爱的聪明伶俐的次女武照成了皇后，最终甚至建立新的王朝。他也由此一步步晋位为周国公、太原王，最终甚至被追赠皇帝位，在建于东都的国家太庙中享受祭祀。对于这种剧变，地下的武士彠自己恐怕是最震惊的吧。

享年92岁高龄的武士彠之妻杨氏，当然在生前就体验了巨大的境遇变迁。她作为皇后、且是掌握政治实权的皇后的母亲，享受比王公妻、母更高的地位和待遇，被封为代国夫人、荣国夫人。

对武后而言，真正的骨肉至亲很少，母亲杨氏是唯一能让她敞开心扉的人。武照在太宗死后与继位的高宗发生关系，在这段低谷期，杨氏默默地支持着女儿。武后为成为高宗皇后而谋划之时，给她出谋划策的是杨氏；为了女儿的追求，到长孙无忌家里卑辞请求的也是杨氏。

杨氏的家族以笃信佛教闻名，她本人自然也是佛教徒。武后登上帝位后充分利用佛教，背后一定也有母亲的影响吧。

有人认为佛教之于武后不过是掌握权力的手段。但应当承认，虔诚的佛教徒弘农杨氏的血脉、加之致力于佛教兴隆的隋朝杨氏的缘故，武后本就有强烈的皈依佛教之心。

荣国夫人杨氏一度留下丑闻，在此暂不探讨。杨氏在咸亨元年（670）去世，武后为她举办了盛大的葬礼，并在武士彠的陵墓昊陵旁边专门为她修筑了墓地，名为顺陵。如今，顺陵静静伫立在武后和高宗的合葬墓乾陵以南的宽阔平地上，四周都是农田，但陵前残存石像的造型和配置，传达出她当时所享受的破格待遇。

第七章
迈向太宗后宫的武照

　　贞观十年（636）六月，太宗李世民失去相伴多年的皇后长孙氏。她36岁的短暂一生，是为丈夫太宗奉献了一切的一生。太宗能够赢得玄武门之变的胜利、实现名垂青史的贞观之治，以及获得明君的盛誉，这其中即使说有一半是长孙氏的功劳也绝不为过。她是太宗的贤内助，是太宗行动的指针，是女性为人妻子的典范。

　　因此，长孙氏的亡故对太宗而言十分痛苦，打击巨大。但另一方面，他内心又有一种不可言说的解脱感，终于可以从不知不觉间对任何事情都反复考虑皇后是怎么想的、皇后会作何反应的窒息感和束缚中解放了。为政十年，朕已经具备充分的实力，可以根据自己个人的意志和判断决定任何事情，今后就按照自己的想法来做吧，太宗下定决心。

　　前已述及，以贞观十年（636）为界，太宗的政治姿态发生改变。当然，太宗的改变不仅限于此。既然不用再在意妻子长孙皇后的看法，那么在女人方面也可以毫无顾虑，随心所欲。何况太宗本就是好色之名远播的高祖之子，从年龄来说也正好处于40岁前后精力旺盛的时期。

于是，太宗从高官子女中选拔貌美且正值芳龄的女孩充入后宫。日后的武后武照也在网罗之中，作为其中一员进入宫中。此时当是贞观十年的后半年。

14岁入宫的武照被授予才人这一位份。外朝皇帝以下官员分为一品至九品，百官被纳入这一官僚体系之中，后宫也同样规定了以皇后为首的女官们的组织结构。这些女官叫内命妇，也被称为内官或内职。女官制度的具体情况多因当时皇帝、皇后的意愿发生变化，史料记述存在差异，在此特别提一下一般认为的唐前期的制度形态。

女官们虽姑且各自被安排了职务，然而工作的核心当然还是在皇帝和皇后身边伺候，若表现出色得到皇帝青睐，便有幸侍寝。她们对此满怀期待，盛装打扮，争妍斗艳，激烈地展开女人之间的争斗，直至老去。

且说武照被授予的才人，在宫中绝非高位。之后她得到高宗宠爱，首先被授予的位份是正二品之首的昭仪，接着一度被封为宸妃（为她特设），位居正一品夫人之上，步入登上皇后宝座的道路。由此看来，才人的前途还很渺茫。这时的她还不是一位十分成熟的女性，而宫中比她漂亮的女人如繁星般众多，尚没有她出场的机会。

正一品————正二品————正三品————正四品————正五品————正六品————正七品————正八品

夫人4员　　嫔9员（6员）　　婕妤9员　　美人9员　　才人9员　　宝林27员　　御女27员　　采女27员

（贵妃·淑妃　　（昭仪·昭容·昭媛·　修仪·修容·修媛·　充仪·充容·充媛·）

德妃·贤妃）

内命妇系统图

武后留下这样一个故事。

这是很久之后，她已经成为皇帝时的事情。她所提拔的酷吏系官员中，有一个叫吉顼的人。此人恃宠自傲，与武氏族人相争，惹怒了武后。于是武后吓唬他说："朕为宫女侍奉太宗陛下时，陛下有一匹名为狮子骢的花毛马。此马暴烈凶悍，无人可驭。见此，朕向太宗说：'若能给我准备三样东西，便可为陛下制住此马。即铁鞭、铁杖和匕首。先用铁鞭抽它，若不听话就用铁杖击打它的头部，若仍不听话，便用匕首割断它的喉咙。'太宗陛下赞朕意气雄壮。怎么，你也想看看朕的匕首吗！"

听到这话，吉顼面色苍白，匍匐在地乞求饶命。她是否真的在太宗面前发表过如此过激的言论，后人对此并非毫无疑义。不过，若比照后世的武后形象，推测确实发生过类似情景更为合理、有趣。

还有一个与她相关的故事。

太宗之世，一则预言不知从何处流传开来。

——唐三世之后，女主武王代有天下。

太宗偷偷叫来占卜师李淳风询问此事。李淳风回答："据臣占卜，这个兆头已经出现。此人已在陛下宫中，从现在起不过三十年必掌天下，将唐室子孙诛杀殆尽。"

"那么，尽杀可疑之人，事先把这个苗头掐掉如何？"太宗急忙问。

"此事不可。天命所在，必无禳避之理。即使想杀，也不过是枉及无辜，真正的当事人是死不掉的。此人已是陛下亲眷，三十年后掌权，年岁已衰，出于慈悲会放过陛下的一部分子孙。假使现在杀掉此人，上天代之以更年轻残虐之辈，陛下的子孙怕是会被赶尽杀绝啊。"

即便是李淳风也不可能如此精准地预测未来。虽说如此，也很难断言此事全为后世捏造。

故事发生在太宗朝末年的皇位更替之际。在中国，引发社会不安的不可思议的预言和童谣往往就会在这种时期莫名流传开来。何况原本君临天下的太宗以力量强大、个性刚硬著称，而代替他继续统治的却是柔弱不如人意的皇太子李治。大唐到底会变成什么样子？在抱有这种想法的人们中间，各种流言蜚语甚嚣尘上也不奇怪。有观点认为上述故事就是流言之一。

太宗宫中的武才人是否有上述故事暂且不提，可以确定的是，她当时存在感很低。就后世所知，太宗育有十四子、二十一女，是精力充沛之人。另一方面，武后之后与高宗生了四个儿子、两个女儿，共六个孩子，亦是子嗣旺盛的类型。这样的她在才人时代却未有妊娠之兆，只能说太宗并未临幸她。

时间来到贞观二十三年（649）。从这一年开始，太宗的身体每况愈下，卧病在床的次数越发频繁。他52岁了。

虽然远未到衰老的年纪，但太宗自年轻时便四处征战，争权夺位，登上帝位后亦是日理万机，为应付堆积如山的内外问题，一刻也未能喘息。长期的辛劳不断侵蚀他的身心，终于到此刻突然爆发，将他彻底击倒。五月，在皇太子和其他亲眷及高官们的守护中，太宗静静地咽气了。

太宗卧病在床后，皇太子李治一直在床前守护，悉心照料。太宗对此非常高兴，放下心来。虽然他立李治为皇太子时十分忧虑，决定之后亦有踌躇，但是现在太宗从心底觉得这个选择没错。

接下来就是计划如何在自己死后顺利确立李治的统治体制。为此，太宗在病床上下达了最后的命令——将李勣从同中书门下三品的宰相之职左迁为边境的叠州（甘肃）都督。

李勣本名徐世勣，出身隋末群盗，后加入太宗麾下，在国内统一战争及对北方民族等的作战中表现突出，被赐予唐室的李姓（"世勣"的"世"字避太宗的名字"世民"之讳，一般称之李勣）。因身为武将的光辉战绩以及与太宗的密切关系，他最终取得威震三军的卓然地位。

有这样一个传闻。一次，李勣突患重病，据医生诊断，人的胡须烧成的灰最为有效。听闻此事的太宗立即剪下自己的胡须，调合入药给他服下。李勣知道后感动得泣不成声，诚心诚意地前去谢恩，太宗回答说："朕为国家谋划而已，你不必这么客气。"

突然把建立了此等信赖关系的李勣左迁至地方，太宗有自己的考量：自己死后，李治在军事方面必须依靠李勣，然而李治和李勣之间没有任何恩义关系。因此，暂且将李勣左迁地方，自己死后再由新任皇帝李治将他召回中央。这样一来，李勣感激新帝恩义，便会从心底支持他了吧。

原本中国古代军人就有很强的基于个人关系行动的倾向，这种关系一般是根据自己的主将以及地缘、血缘等建立。这有时会招致个别人际关系优先于正规指挥系统的弊病，历史上军阀政权产生的温床亦在于此。太宗希望自己和李勣之间培养的信任关系能在儿子和李勣之间重建。他计划政务方面全部交由长孙无忌负责，军事方面则主要由李勣担当，如此宛如车的两轮，无论何时都能保证李治的统治稳步前进。

李勣接到这个命令，连家都没回就立刻出发了。身居高位却连明确的理由都未被告知就突然被调至地方，这一定伤害了李勣的自尊，但同时他也知道这是皇帝对自己的试探。太宗卧病在床，任谁看来都时日无多，在这种紧急时期，对军权有着巨大影响力的自己的去留和忠心便十分引人注目。若此刻磨磨蹭蹭拖延赴任，必定会被怀疑对国家有二心。这是绝对要小心的，他想。事实上，太宗在调李勣到地方之时便偷偷下令："此人若是徘徊顾盼，则不堪信用，即刻杀之。"

太宗于当年五月驾崩，六月一日，高宗即位。他做的第一件事就是下令将李勣召回中央。如此，便如太宗构想的一般，完成了长孙无忌和李勣的双驾马车型政治体制。但太宗算错了一点，他为让李勣与高宗之间建立新的恩义关系而采取的手段，在李勣心中深深埋下了不被信任的种子。

李勣大约过了一个月就回归中央了，他因此向高宗表示感谢。但自己到底得到几分信任呢？一心奉仕太宗的结果却是被那样试探。说到底，不是关陇集团的一员便只能遭到如此戒备吗？他感到心灰意冷。这种想法成为埋藏在心底的疙瘩，之后他便谨言慎行，转而采取对政务冷眼旁观的姿态。

太宗危笃之际，武照作为后宫女官之一在他身边照料。在宫中生活了十三年的她，此时尚且只有二十五六岁，正是容颜越发光彩照人的年纪，在女人们中间十分显眼。再加上顾及卧病在床的太宗，她妆容清淡，衣装朴素，表情悲伤沉静，表现出不同于平日艳丽浮华的清秀动人之美。

她扪心自问，迄今为止自己的人生到底算什么？太宗死后只能被迫与世隔绝、一个人等待凋零枯萎吗？人生仅仅如此也太过悲哀。梦想着属于自己的荣华富贵而踏入宫中，如今梦还一个都没有实现就结束了，未免太不甘心。好胜的她，心情在焦灼与绝望的夹缝中剧烈摇摆。

她把目光投向每天专心照料父亲太宗的皇太子李治。内宫之中除了女性和去势的宦官，通常只有太宗一个男人。年轻的皇太子前来，片刻不离地在父亲病榻前侍奉，必然会与太宗的女人们接触。武照抓住这个机会，绞尽脑汁地将自己的身影刻在他心中。在她看来，这无疑是决定未来的唯一也是最后的机会。

李治年纪尚轻，不谙世事，且母亲早亡。武照通过成熟、美丽、温柔的做派，状似无意的关心，没用多久就占领了他的心。但这是在病笃的父亲的榻前，她又是父亲的女人，对她出手有违礼法。李治只能一边表现出全心全意照料皇父的样子，一边默默地与武照交换热烈的视线。

高宗李治与武照如何发展，在何处结合，很多问题都不清楚。如上所述，笔者以为二人建立关系的开端是太宗临终的病榻前，然而一直以来的说法似乎更关注之后的阶段。即太宗驾崩之后，武照作为尼姑，在供奉太宗牌位的感业寺，与在太宗忌日偶然前来上香的高宗邂逅，随之发生关系，并借机还俗等等。

但是，这一剧情有几个疑点。首先是感业寺。这座寺庙究竟位于何处？该寺接收太宗后宫的女官们为尼，奉旨供奉太宗牌位，想必应该是颇有渊源的大寺或名刹吧，可孰料竟然连所在位置都不清楚。据说可能是位于长安城中央安业坊的济度尼寺或安业寺，但至今未有定论。说到底，与太宗有关的寺庙，真的可能如此含糊不清吗？

退一万步说，假设感业寺在安业坊，那么它是祭祀太宗灵魂的菩提寺吗？但此类有关唐代菩提寺的故事更无他闻。原本唐朝官方相对于佛教就更信奉道教（道先佛后），忠于这一立场的正是太宗本人。况且，各王朝都有祭祀历代皇帝的太庙（宗庙），没有特地设立菩提寺的意义。

再者，奉仕后宫的女官们在皇帝死后全部落发为尼，真的有这种事吗？自愿出家的话暂且不论，将强制全员出家作

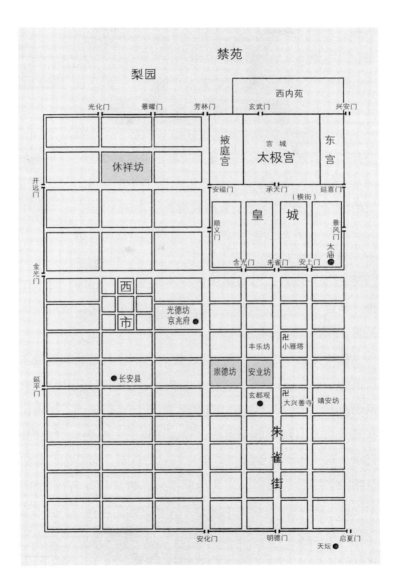

与感业寺相关的唐长安图（西半部分）

为例行制度之类，恕笔者寡闻，着实不知。毋宁说她们原样留在宫中等待衰老更为正常，当然，再嫁也是不允许的。

这样的话，一直以来脍炙人口的剧情，即太宗之死→感业寺出家→与高宗邂逅→还俗，这一过程不可避免地要发生一定变化。一般认为，武照再度出现在宫中是在高宗即位后五年的永徽五年（654）左右。因为在年代记载上值得信赖的司马光的《资治通鉴》将此事记入当年三月。但是，这一记录的内容十分暧昧不清，此前大约五年的空白无法具体填补。

还有一件事应当注意。高宗和武照结合所生的第一个孩子，即之后的皇太子李弘，他于上元二年（675）去世，年仅24岁。据此反推，即得出他出生在永徽三年（652）这一结论。从这一点来说，两人至少在前年，甚至再之前就有肉体关系。

稍微扯远一点。了解当时长安的基本史料是北宋宋敏求所撰的《长安志》，其中从未出现感业寺之名，只是从太宗去世的贞观二十三年（649）到永徽五年（654）间，不知为何在安业坊及其西邻的崇德坊一带，出现了一系列的"徙寺"记录。这里所说的徙寺，不是建筑物的移动，而是把既存建筑物的名字移向他所，或从他所移来，也就是寺名（寺额）的变更。这一变动不知为何牵涉到距离遥远的休祥坊。

休祥坊位于长安西北，距离宫城很近。这儿有一座隋代建成的小型尼寺慈和寺，而这一时期突然把位于崇德坊的道德寺的寺额移到此处。道德寺本是隋炀帝敕建的尼寺，颇有渊源，为什么要给这种小寺以道德寺这一大寺之名呢？笔者推测的理由之一是休祥坊内有武照母亲的祖父杨恭仁的府邸，此府邸在贞观二十三年（649）时可能被武照的母亲杨氏所继承。也有说法认为移用道德寺寺额的正是这座府邸。如果这一理由成立的话，借由杨氏旧邸移用道德寺寺额这一事件，不得不使人感觉到武照的影子。

最终推导出以下过程：首先，以贞观二十三年（649）的太宗之死为开端的一系列寺额移动措施，其核心是将道德寺寺额移向武照母亲娘家所在的休祥坊。这是高宗以让武照等太宗朝的女官在道德寺这一名刹出家为名目采取的措施。只是武照实际上并未出家，而是寄身于同坊内的母亲家中，偷偷与高宗幽会。休祥坊的杨府和皇宫之间有着极利于幽会的近距离和环境。

如此一来，笔者认为高宗和武照二人所谓的五年间大约是以下情况。

高宗在父亲太宗的病床前初见武照，她是父亲后宫的女人之一，和她在一起为道德所禁绝。但他深深地迷恋上她。因此，太宗死后，高宗为了让武照与"父亲的女人"这一过去彻底划清界限，令她在形式上出家为尼。出家的地点就是休祥坊的道德寺。这可以说与之后玄宗为夺取已经嫁给儿子的杨贵妃而令之暂时出家为女道士、之后重入宫中的著名故事如出一辙。高宗和玄宗，二者是祖孙关系。

因此，武照采取了以身入寺的形式，但并未剃发。而高宗以诣寺为借口屡至杨家与她密会，在这个过程中她有了身孕。不知她是否借此机会偷偷搬入了宫中。但即使如此，她见不得光的身份依然不会改变。对高宗而言，她是父亲的女人，这一经历难以轻易抹去。他们的行为违反伦理，在儒教观念强大的当时，是不为社会所承认的。而武照以高宗的支持为唯一依靠，咬紧牙关苦苦忍耐，终于迎来永徽五年的再度登台。

最后，感业寺到底是什么？既然有一般认为的"太宗之死→感业寺出家→与高宗邂逅→还俗"这一剧情，为何寺址总是模糊不清呢？将这一剧情与武照本人放在一起来看，则关系到以下倾向：她处于被命运玩弄的被动立场，而非主动选择踏上违反人伦的道路。换句话说，即令人感到主导这一事件发展的是高宗一方。这个惯常剧情大概是武照方面为与过去划清界限、获得自身的正当性而准备（矫饰）的。

武后在高宗死后正式开始向女帝的道路迈进。这种时候就会被问到：为什么她会在这里？理由和目的何在？大概就是为回答这些问题，她才周到地准备了以上剧情若无其事地将过去掩盖掉吧。在她背后，参与创作这一说法并令之深入人心的恐怕就是她的智囊集团"北门学士"（后述）。这样的话，为增加故事的真实性，感业寺这一名字是必要的，而它的具体性和实在性等就不是本质问题了。

感业寺及相关故事或许是武后重新粉饰过去的产物，这是笔者现在考虑的一个结论。

第八章

高宗朝的女人之争

　　故事开始于两个女人的夺宠和争风吃醋。首先就从这二人的事情讲起吧。

　　高宗以太宗第九子的身份，天上掉馅饼式地继承了帝位，他的前途在太宗生前已经被规划好，作为未来皇后的女人同样如此。

　　她叫王氏，其父王仁祐（仁裕）在官场上并不突出，不过门第是太原王氏这一一等名门。她的祖父王思政仕西魏，是一位忠肝义胆的刚毅之士，曾多次在最前线与对手东魏展开激烈战斗，直至弹尽粮绝被东魏擒获。王思政最终死于北齐，但西魏及之后的北周都高度评价他恪守臣节、英勇战斗的行为，厚待他留下的家人。流着汉族一流贵族的血，且属于关陇集团系，这便是王氏。

　　王皇后的母亲叫柳氏。其家为河东解县柳氏，也是与太原王氏比肩的名门。柳氏之父柳奭，贞观中为中书舍人，是中书省的中坚官员，外孙王氏嫁于太宗第九子李治。之后随着王氏升为皇太子妃、皇后，他也被提拔至中书省的长官中书令（一说柳奭是王皇后之母柳氏的兄弟）。

王氏长大后性情沉稳、容貌姣好。注意到她并设法将她介绍给太宗为晋王妃的是同安长公主。同安不仅是王氏父亲的堂兄弟王裕的妻子，还是初代皇帝高祖的亲妹妹。太宗平素厚遇这位姑母，她生病时特意亲自前去探望。

姑母的说和，加之无可挑剔的门第、大家闺秀的容貌和脾性，太宗立刻答应了。由于是关陇系人员，重臣长孙无忌等自然也没有异议。

王氏顺理成章地成为皇后，若就此发展下去，应该会拥有旁人艳羡的幸福一生。然而事与愿违。令她走上不幸末路的最主要原因在于她没有孩子，尤其未诞下男嗣。这一点打

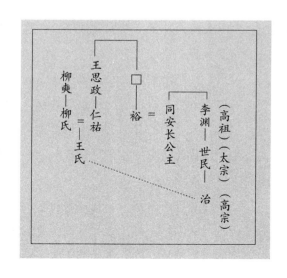

王皇后简略世系图

乱了她的人生。

只有男子才能继承家族的血统。无论有多少女孩，只要没有男孩，家族血统就会断绝，一旦如此，便不能祭祀祖先的灵魂。这是最大的不孝，因此没有孩子就不得不离开夫家。王氏对这一社会现实深为恐惧。

晋王李治成为皇太子时，太宗曾挑选良家女子充入太子居住的东宫。李治本来身体虚弱，不好女色，故一度推辞，但最终被迫接受。随后他接二连三地生出儿子，姑且做到面上有光。

李治的长子是与一位叫刘氏的女性所生，取名为忠。这个孩子出生之时，李治在东宫与侍从们摆宴庆祝。听闻此事的太宗特地驾幸东宫，非常高兴地说："这孩子对朕而言便如长孙，朕心甚悦，今日与尔等同乐！"

这一日，东宫大摆宴席，皇帝本人带头起身舞蹈，臣下们也紧随其后，欢宴尽日而罢。

同一时期进入东宫的良家女子中，有一位叫萧氏的女性。她出身不明，从姓氏来推测，可能是南朝梁皇室的血脉。或许是出身南朝的缘故，她皮肤白皙，身量纤细，没有北方女性常见的粗野做派，具有很高的教养。

这位萧氏从皇太子时代便深受高宗宠爱，育有高宗第四子素节。素节自幼头脑聪慧，十岁之前已能日诵古诗赋五百句以上，且师从著名文学之士徐齐聃，勤奋刻苦，不知疲倦。

他热爱学习的姿态令高宗格外高兴。

素节的天资大抵来自母亲方面的血统。原本皇子们到一定年龄之后都会各自跟随名师学习典籍，但像素节这般头脑聪明、爱好学问的别无他者，因而备受瞩目。萧氏以此为傲，又仗着高宗的宠爱，经常不把皇后王氏放在眼里。

王氏与萧氏激烈的二女相争就在这种背景下展开。萧氏在高宗即位后被封为淑妃，在后宫女官中位份最高，地位仅次于皇后。皇后王氏虽拥有关陇集团背景的正统地位，却没能生育子嗣，对她而言，淑妃的存在即是威胁，她害怕自己不知何时就会被取代。

在唐这一王朝，皇后的地位和权威并非那么稳定，根据皇帝心情和周围局势变化，被替换的可能性很大。或许也与这一点有关，有唐一代皇后并非常置。初代皇帝高祖在位期间便没有皇后，长孙皇后去世之后的太宗朝后半期也没有皇后。玄宗在位时虽然觉得武惠妃和杨贵妃可以立为皇后，但最终还是长期维持无后状态。

人们常说皇帝是万民之父，皇后是万民之母。由此产生一种观念，即皇后地位极为重要，不能轻易替换或填补，但另一方面，现实却是即便后位空悬也丝毫不影响大局。说到底，当时后位的不稳定还是和唐王朝的特质及时代风气不无关系吧。

如前所述，唐原本就不是纯粹的汉民族建立的王朝。由于其中流淌的北族血脉的影响，人们并未过度被儒教的男女伦理观所束缚，女性们也表现出自己的意志，十分活跃。后宫正是这些女性的嫉妒、期待、谋略以及权力欲相互碰撞的场所，就连皇后也不能置身事外。

萧淑妃由于皇子素节的出色和高宗的宠爱，在后宫势力日盛。王皇后十分焦虑，苦苦思索对策。王氏与母亲柳氏和柳氏之父柳奭商议，决定将高宗长子即刘氏所生的李忠记入王氏名下立为皇太子。关于刘氏其人，情况不明，大概没有值得强调的门第和背景关系，性格也很老实吧，只能默默地服从王氏安排。这是高宗即位三年后的永徽三年（652）七月之事。李忠此时已有十岁。

在王皇后一方的极力策划下，皇太子确立，王氏以母亲身份充当监护人，但她的地位并非就此稳固。萧氏每次在寝殿与高宗浓情蜜意之时都强烈恳求："素节酷似陛下，是一个头脑十分聪明，且心地善良的孩子。他才最适合做皇太子。"

"朕知道了，让朕好好考虑一下。"高宗仿佛充耳不闻，但内心逐渐被萧氏同化，向立素节为皇太子的方向倾斜。

高宗其人身体虚弱，性情柔懦。越是这种男人，越容易被性格强势的女性吸引。武照就是典型，这位萧淑妃亦属此类。高宗心中觉得长子忠做皇太子也没什么不好，可在萧氏面前却没能坚持己见，结果反而被萧氏说服。

立刘氏之子忠为皇太子以稳固后位的王皇后很快明白，立了太子也并非万无一失。高宗一如既往地优柔寡断，他逃避与王氏相见，频频踏足萧氏的宫殿。在此期间，萧氏方面频繁流出"雍王素节殿下甚贤，适合承继大宝，陛下也如此认为"的风言风语，王氏越发被逼入窘境。

王皇后日日苦苦思索，容颜憔悴苍白，双眼充满血丝。为扭转现状，无论如何也要将高宗的目光从那个可恶的萧氏身上移开。要怎么办才好呢？她思来想去，终于抓住一根救命稻草：

"对了，以毒攻毒！那么……"

王皇后和萧淑妃在宫中激烈交锋之际，还有一位女性想要悄无声息地潜入后宫。她的真实身份除了皇帝以外，只有皇后和宫中的几位侍女等极少数人知道。她就是武照，此时已经承宠。

永徽三年（652），她平安生下一个男孩。此子被取名为弘。以这次生产为界，她的存在开始为人所知，但不能见光的身份依然没有改变。刻薄的女人们好奇地注视着她，这样那样地议论她的过去。但她似乎浑然不觉，对任何人都谦卑有礼，皇帝一旦赐下东西便慷慨地分发给侍女们，不知不觉间已广受好评。

武照被授予正二品的昭仪之位。与太宗时期的才人（正五品）相比，这一位份对女子而言可谓飞黄腾达。但她当然不会就此满足，上面还有当时独占高宗宠爱的萧淑妃以及王皇后。她静静地窥伺宫中局势，尽心尽力地服侍高宗，不动声色地等待时机。

　　首先知道武照存在的是王皇后。高宗偶尔会偷偷出宫，调查之后发现，他是去与休祥坊内一位叫武氏的女性密会，而且据说这个女人曾是太宗的才人。王氏十分震惊，但也无可奈何。之后武照进入后宫时，高宗也曾和掌管后宫的王皇后商量，王氏默默地接受了。

　　疲于和萧淑妃争宠以致精神不安的王氏突然想到武照和高宗之事。武照有着在太宗后宫与太宗之子高宗私通这一巨大污点。或许是这个原因吧，她对皇后一直表现得十分谦逊、柔顺。而高宗每次与她约会时，虽然要小心周围的目光，但可以看出他对此很是期待。"对了，让这个女人去和萧淑妃斗吧"，想到这一点，王氏的心奇异地动摇了。

　　"陛下至尊之躯，与武昭仪约会而已，何必如此小心翼翼？臣妾并不介意，请堂堂正正地和她交往吧！"

　　王氏暗自劝说高宗与武照往来。先通过这种方式让高宗远离萧氏，即使高宗的目光转向武照，由于过去的经历，她一定只会感谢自己，应当不会像萧氏那般任性妄为，这样一来皇后的权威必将提高、稳定。这是王氏竭尽全力、绞尽脑汁筹谋出的计划。

　　但是，皇后不知道。她过度关注眼前的困境，没有察觉武照这个女人的残酷、可怕、难以对付。武照对这一事态发展表面上若无其事，实则一直默默关注，等待时机。为此，她抓住高宗的身心，对皇后示弱，彻底取得她的信任。说到底，无论是王皇后还是萧淑妃，都不是武照的对手。

得到皇后正式认可的武昭仪，正如皇后所期待的那样，努力将高宗完全笼络在自己身边。三十岁的年龄，成熟丰满的肉体和高超的技巧，加之母亲般的强大和温柔，兼备以上条件的女性，在后宫之中别无他者。高宗彻底被她征服，而且得到了皇后的支持，可以毫无顾虑地前去。没过多久，他便泡在武照的住处，看都不看别的女人。

如此一来，惊慌失措的当然是萧氏。本来独占宠爱，安枕无忧，高宗却突然不再上门，她这下才知道是因为武昭仪这一人物。

"听说曾是太宗陛下后宫之人，出身也不太好。陛下竟然迷上这种东西，成何体统！"

她嫉妒地发狂，但这是皇帝的私事，她也无可奈何，不得已只能去找王皇后哭诉。

实际上，王氏也受不了。她没想到高宗如此沉迷武昭仪，明明之前对自己的态度十分温和，如今却像翻脸不认人般越发冷淡。虽然按计划成功让高宗远离了萧氏，但王氏直觉这次比萧氏那会儿更加麻烦。于是，之前互相角力的二人转为统一战线，不断在高宗面前说武照的坏话。

但是为时已晚。高宗已经被武照迷住，不听她们的告状。不仅如此，她们反而受到孤立，不断被逼入窘境。宫中有武照培植的女官们的情报网，她们将王氏等的动静逐一汇报给武照，再由她给高宗吹耳边风。对王氏和萧氏而言，一直以来的骄傲不允许她们像武照那般卑辞与女官们交好。最终，她们还是未能充分认清现实，也没有采取有效措施，只好任由事态发展。此时是永徽五年（654）。

武照与这二人的争斗暂且取得胜利。但并不能就此高枕无忧。高宗尚没有废王皇后的意思，若有一天高宗变心，自己说不定也会和萧氏一样跌落无底深渊。

恰在这时，武照生下一个女儿。她是武照的第三个孩子，在她之前是最早出生的李弘和后来被赐予"章怀太子"称号的李贤。

某天，王皇后到武昭仪处拜访。她作为后宫之首来祝贺嫔妃生产，不巧武照却不在。不，实际上她是听闻"皇后殿下①驾到"的通报后，偷偷藏身到隔壁房间。王氏进入房间却空无一人，只有婴儿躺在床上。王氏看到那张天真无邪的可爱小脸，想也没想就抱起来，蹭了蹭她的脸。逗弄一会之后，由于武照迟迟未归，她便离开了。

之后不久，武昭仪的房间里突然响起悲哭。因为皇帝过来，武照想让他看看孩子，结果却发现那孩子已经身体冰凉。武照十分震惊，责问左右侍女。她们回答说："方才皇后殿下来过。"

听闻此事的皇帝气得发抖："可恶的皇后，杀了朕的女

① 原文为"陛下"，日本一般将天皇、皇后、皇太后等都尊称为"陛下"，但按照中国惯例，"陛下"通常是皇帝专用尊称。考之史籍，唐朝皇后多被尊称为"殿下"，谨以此代之。

儿!"

事实上,这是武照充分算计好的圈套。武照在皇后出房间之后,偷偷从隔壁回来,掐死自己的女儿,之后盖上被子,悄悄出去,没有引起任何人的注意。接着,她挑唆皇帝,让他以为王氏过于憎恨自己与武照的关系而对孩子出手。高宗是个单纯的男人。当然,这也在武照的计算之中。他当面看到女儿的尸体,之后陷入憎恨王皇后的感情中,由此决定废除她的后位。

稍微冷静下来观察这一事件的人很容易就能发现,这种拙劣的手段应当不是王氏所为,她做这种事情没有任何意义。但王氏有一个连自己也不能抗辩的把柄。因为她确实在武照不在时进入她的房间逗弄过孩子,且无人不知她最为痛恨武照,间接证据齐全。就这样,武照的计谋完全成功,王氏走投无路。

人们还不知道武照这个女人权力欲极度膨胀的本质,她为了皇后之位甚至能面不改色地牺牲自己十月怀胎生下的孩子。事实上,这只是一个小小的开始。

第九章

武昭仪，迈向皇后之位

武照将王皇后赶下台的谋划至此已经没必要再隐藏。她以高宗为挡箭牌，获得公然夺权的借口。

虽说如此，但她面前横亘着一个必须跨越的巨大障碍，即说服王皇后背后牵涉的高官势力，或者除掉他们。当时有一种观念是皇后乃一国之母，母亲无论如何都不能替换。另一方面，此事还牵扯到一个名分问题，王皇后是先帝太宗所定，废其后位即关系到对太宗本身的否定。武照必须突破这两方面的阻碍。

不言而喻，王氏背后的高官是威震朝野的元勋长孙无忌。他没有担任实际职务，位居被称为"三公"的最高荣誉职位之一的太尉（正一品）。朝中的二把手是李勣，他同样没有职务，位居三公之中的司徒（正一品）。

在关键的永徽五年（654）这一阶段，朝廷以这二人为首，紧随其后的是担任门下省长官侍中的韩瑗、中书省长官中书令来济、尚书省长官左仆射于志宁和右仆射褚遂良等人。他们每一位都带有"同中书门下三品"这一表示宰相地位的头衔，不仅是各部门的负责人，同时统领、左右整个朝政。这些高官们与武照成对立之势。

在此稍微提一下诸人的经历。

长孙无忌和李勣前已述及，不再赘言。首先说韩瑗，他是京兆府（雍州）三原县人，祖父仕隋，父仲良在唐初负责制定律令的相关工作，可以看作近关陇系。这样的出身加之个人学问出众且擅长实务，他在政界站稳了脚跟，最终爬到侍中这一高位。

来济是扬州江都人，父亲是著名的隋朝武将来护儿。隋末宇文化及发动政变弑杀炀帝之时，来济全家被杀害，只有年幼的他幸免于难。之后他一个人历经千辛万苦，走上与武将父亲不同的学问立身的道路，随后在太宗朝的科举考试中得中进士，获得任官展能的机会，终至荣显。

于志宁正好出身于关陇集团的正统名门。他属于北族鲜卑系血统，曾祖父是构筑西魏、北周骨干的八柱国之一的于谨。因出身优良，他自唐初便受到重用，在太宗时负责皇太子承乾的教育，因著有劝谏其恶劣行迹的《谏苑》二十卷而闻名。他屡次给承乾提意见而不被采纳，最后还被承乾派出刺客索命，但据说刺客们被他身为高官却住在草葺陋室的朴素生活所震撼，没有动手就回去了。

于志宁虽和长孙无忌属于同一系统，但立场稍有不同。

他年长 10 岁左右,出身也丝毫不逊于长孙无忌,且忠于职守,为人清高。或许与这些有关吧,在当时的成员之中,他是唯一对长孙无忌的行为提出批评的人。这一成员之间的微妙裂痕之后被武照方面抓住,导致他们被各个击破。

另一成员褚遂良作为与虞世南、欧阳询并称为"初唐三大家"的著名书法家,早就声名远扬。但也不能忘记,他是太宗最信任的臣下之一,是纵横官场的政治家。他是杭州钱塘人,原本出身于南朝的文官家庭,父亲褚亮受太宗(当时为秦王)赏识,成为其智囊集团秦王府学士之一,褚遂良也以此为机缘得以奉仕太宗身边。太宗最早注意到他是缘于他的书法造诣。

褚遂良书《雁塔圣教序》碑(起首部分)

太宗此人绝非单纯的武人，他兴趣广泛，关注和收集书法作品便是其中之一。他常与虞世南就此话题相互切磋，在虞亡故时，太宗叹息说："虞世南死后，再无人可共论书。"

听到这话的魏徵说，"褚遂良的字甚有王羲之风范"，由此推荐了他。太宗当时沉迷王羲之的书法，花大力气重金购入，褚遂良于是负责鉴别接二连三献上来的作品真伪，无一误判。

魏徵推荐褚遂良，并非单纯因其擅长书法，而是看重他不阿谀权贵、明辨是非、敢于谏言的风骨和支撑这一点的教养，期待他在自己之后发挥谏官的作用。由于魏徵的推荐，褚遂良得到太宗信赖，跻身于政权中枢。太宗临终之际，在病榻上将后事托付给他和长孙无忌二人："皇太子啊，只要有无忌和褚遂良在，一应国政事宜尔皆可高枕无忧。"

太宗说完就静静地停止了呼吸。

从永徽五年（654）后半年开始的一年间，正是武照为夺取皇后之位倾尽全力的时期。敲响尾声的是与权力宝座上的高官们的对决。表面上波澜不兴，平淡地度过一日一日，实际上背后涌动着激烈的权谋术数，上演着残酷的权力斗争。她站在其中一边，紧盯着将要到来的对决场面，一一周到地进行布置。

在最后的对决到来之前，她首先必须做的当然是孤立正面对手王皇后。

为此，她平素留心拉拢后宫的女官们，以完全掌握王氏和萧氏的动静，此即后宫情报的管理与操纵。这自然是为了封锁王氏方面的行动。某天，这个情报网捕获了王氏和她的母亲柳氏在宫中偷偷进行"厌胜"这一消息。

所谓厌胜，是令巫师诅咒、杀害某个特定的人时使用的手段。在夜深人静之时，将五寸钉钉入稻草人偶进行诅咒之类。在中国，民间暂且不论，宫廷等国之重地绝对禁止这类活动。因此，一旦被指控厌胜，便极为不利。因为很难证明自己没有这么做。王氏周围全部被武照控制，很难想象她特地去冒这种危险，真实情况恐怕是召法师入宫之类的一般行为吧。

但王氏的行为被指为厌胜，其母因此被禁止出入宫中。武照的目的成功实现。本来王氏背后有外祖父柳奭，他官居中书令，身为宰相可发挥一定的影响力。但此人为人怯懦，一看到高宗对王氏宠爱衰减，便迅速请辞中书令一职，以免引火烧身。眼睁睁看着外孙女陷入危机，却未伸出援手，而是临阵脱逃，他是一位不合格的外祖父。现在王氏的母亲柳氏也被逐出宫中，王氏越发陷入孤立。

武照抓住这个机会，进一步营造皇后有名无实的印象。她新设宸妃这一位份并自居其上。宸妃是处于现有的正一品四夫人和皇后之间的位份，也就是准皇后。她计划由此成为事实上的皇后，当然因为没有先例而遭到反对，很快被撤销。但是武照已经充分将王氏的无力暴露于白日之下。

对王氏步步紧逼、逐渐缩小包围圈的同时，武照对高官方面的行动也活跃起来。主要对象自然是长孙无忌。因为如果能攻克这位，也就相当于全部解决了。

某日，高宗与武照一同拜访长孙无忌的宅邸。这当然是武照唆使的。皇帝驾临臣下宅邸并非常事，十分光荣，只是武照也紧随而来。长孙无忌立刻察觉到他们的目的，若无其事地安排酒食，尽心尽力地接待二人。他此前也听高宗委婉地表达过立武照为皇后的意愿，但坚决不肯点头。

宴酣之时，高宗兴高采烈地说："卿素日辛劳，今日欲予褒奖。"

于是赐无忌爱妾所生的三个儿子朝散大夫之衔。朝散大夫为从五品散官（位阶），允许入宫上殿，直接谒见皇帝，位居高级官僚末席。

在以官品决定身份地位高低的当时，即使进入流内九品都很困难，何况更高一等的五品以内，只有一小撮超级精英方可企及。况且这三人是妾生子，即便无忌是居于政界顶点的实力人物，这也是破格待遇。

高宗又赏赐他载满十几辆车的金银财宝和绢锦布匹等。此外，高宗又让随行画师给无忌画肖像，并亲自题写画赞赐予他。高宗竭尽全力地讨好他，然而无忌并未诚惶诚恐地谢绝，而是一派理所当然的样子接受了。

见此，高宗缓缓地说出了正题："您给出个主意吧。皇后王氏无子，无子之人作为皇后是否有欠妥当……"

　　武照在旁边侍候，屏息窥探无忌作何反应。席间有一瞬间的静寂。但是，无忌的段位更高。他立刻以"欢宴之上，此等扫兴的话题还是以后再说吧"，打断了谈话。最终，高宗和武照一无所得地返回了宫中。

　　向长孙无忌主动出击的第一弹没有成功。但由于无忌默默收下了那么多赏赐，武照对他还是抱有一丝期待，认为是鱼有心，水有意。她心想，他应该也认为王氏的废位势在必行吧。于是，武照先是让母亲杨氏屡次上门请托，而无忌只是含糊其辞地搪塞。接着，她又出动心腹许敬宗，屡次劝无忌进言皇后易位之事，孰料无忌竟厉声怒言对此毫无耳闻。

　　长孙无忌的真实想法至此已然分明。事到如今，只能与他们正面对决，做出最终判断的武后越发谨慎地做准备。

　　为此，必须尽快在官僚中培养出自己的心腹集团。武照计划给予他们力量以内外夹击，如此才可能将长孙无忌的势力一网打尽。

　　无论是什么样的国家和社会，某些特定的人群长期占据权力中枢，本就会引起人心倦怠，体制僵硬。想一想，这一时期的最高实权人物长孙无忌已经连续占据政治中心近30年。其他掌权者也因太宗的缘故久居要职。他们可以说是唐创业的第一代或接近第一代的人。

　　肩负太宗时代的官僚们在新帝高宗继位后依然势力巨大，旁人的不满由此不断累积在所难免。高宗即位后不久发生的房遗爱等的叛乱事件，便可以看作其中一个事例。

　　房遗爱是唐创业功臣及贞观之治的核心人物房玄龄的次子。由于父亲的关系，遗爱娶了太宗的爱女高阳公主。但是，说到这位公主，由于被太宗像含在嘴里怕化了一样溺爱着养大，十分任性，无法管教。皇帝的女婿一般都会受赐驸马都尉的官衔，被许以即便一生游手好闲也能衣食无忧的待遇，而太宗因为她的缘故，在女婿之中亦最为厚待遗爱。

　　但她仍不满足。碰巧公公房玄龄亡故，封爵由长男遗直继承，公主想让这个爵位也归他们夫妇所有，结果又是喋喋不休地要求遗直相让，又是策划遗直左迁。不胜其扰的遗直提出将封爵让给弟弟，太宗知道原委后，忍无可忍地严厉斥责了她，把事情压了下去。

　　但是，公主不仅没有就此反省，反而更加怨恨，平素行为也一向放肆。某次，公主去自己的封地狩猎，结识了在那

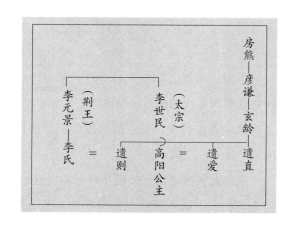

房氏简略世系图

里结庵居住的僧人辩机。公主十分中意他，立刻在庵堂周围张起帷幕，在其中与他发生了肉体关系。辩机是玄奘的弟子，也是《大唐西域记》的编者。而公主的丈夫房遗爱也抱得两位年轻美人，十分开心。他们夫妇在这种事情上淫逸无度，性趣异常。这件事在之后也被发现，两人受到太宗的严厉斥责。这种事情不断累积，他们的不满越发强烈。

物以类聚，人以群分。他们周围逐渐聚集起一群对现状不满的人。其一是薛万彻。他作为武将，自唐初以来表现突出，迎娶了高祖的女儿丹阳公主，却因为在对高丽作战中身为指挥官盛气凌人而被从一线撤下。此外，还有以武将身份大展身手的柴绍之子、尚太宗之女巴陵公主的柴令武，以及太宗的异母弟弟、因女儿嫁于房遗爱的弟弟遗则而与遗爱往来的荆王李元景。

这些人追溯起来都与李唐皇室存在某种姻戚关系。其不满之下横亘的是对太宗向高宗这一意料之外的帝位交替与强硬推进此事的长孙无忌集团的反抗。此次谋反并未形成气候。永徽四年（653）二月，遗爱等主谋人员被处刑，事件草草收场。但这一密谋的败露，冷不丁地暴露出一个事实，即官场中存在根深蒂固的反当权派情绪。

长孙无忌欲趁机掐掉反对派的萌芽，即吴王李恪。太宗曾强烈主张以他为继承人，对他的期望犹在高宗李治之上。他的母亲是隋炀帝的女儿。世人风言吴王的风貌和人品酷似太宗，即使到高宗时代，仍有许多人心向吴王。无忌害怕人望向其聚集，强行捏造他与房遗爱的关系，将其杀害。吴王临刑时破口大骂："长孙无忌你这老匹夫，为弄权冤杀无辜，本王的魂魄必定立刻来灭你全族！"

无忌为继续执掌朝政而强行拥立高宗。一旦选择这条道路，对于敌对势力的行动，无论受到怎样的反抗和批判都必须压制住，防患于未然。

房遗爱的谋反事件乍一看似乎是皇室内部不满分子的玩火，但另一方面也暴露出朝中对以长孙无忌为首的当权派的反对比预想更严重。武照在宫中同样密切关注着事件发展，从中察觉到有一部分人为主流官僚所排挤，却抱有巨大的政治野心。她打算让这些人成为自己的羽翼。当然，他们不言而喻都有着非关陇系这一共同特点。

最早察觉到她的意图并接近她的人是许敬宗，之后是李义府。许敬宗是杭州人，原本出自南朝文官家庭。其父为许善心，是一位忠毅之士。隋末炀帝被宇文化及杀害时，臣下们都轻易归顺化及，只有善心选择了以死效忠炀帝的道路。敬宗本人自年轻时便以学问见长，文才为太宗所认可，负责诏敕起草等工作，但始终没有晋升。

原因之一是他在金钱方面的不检点。在接近武照之前，他身居礼部尚书这一要职，却为了巨额聘礼，将自己的女儿嫁给南方少数民族首领冯盎之子，因而被弹劾身为朝官有失节操。但还有另一个原因，他出身旁系，并非正统的从龙之臣，无论能力多么出众最终都不能进入权力中心，他深深体会到这种悲哀。

另一位李义府是瀛州饶阳人，即出身于今天河北省的中央地带。但实际上，由于父亲任地的关系，他出生在四川乡下，最初职位低微，之后因才能得以站住脚跟。他的幸运之处在于，身为皇子侍从，他所奉仕的晋王意外地成为皇太子，并成为皇帝。李义府讨好高宗，以其心腹身份被任命为中书舍人。虽然中书舍人之上还有长官中书令、副长官中书侍郎，但已经是实际料理中书省事务的要职，就李义府而言可以说是意料之外的出人头地。

李义府此人从不在人前表现出怒意，总是笑嘻嘻地卑辞逢迎，但他内心阴暗，对于不顺其意者必然伺机报复。人们说他"笑里藏刀"，或称他为"人猫""李猫"，十分畏惧。这种人是拥有北族豪放性格的长孙无忌最讨厌的类型。对无忌而言，和自己不是一路人的李义府作为高宗心腹担任要职十分碍眼，于是决定外放他为地方官。

但是，在正式的裁决下来之前，有人将此事透露给了李义府本人。李义府急忙与同僚王德俭商议对策，王德俭回答说："陛下欲立武昭仪为后，但害怕宰相反对，一直未能开口。你若能想出好对策，必定逢凶化吉。"

于李义府而言，这是能否留在中央的生死关头。当夜，他就厚颜无耻地上表："请废王皇后，立武昭仪为皇后。此乃万民之心愿。"

高宗极为高兴，不仅取消他的降职处分，还提拔他为更高一级的中书侍郎。

官僚这一群体最会见机行事。他们由此看到长孙无忌的实力下出现了阴影，于是许多人开始考虑今后的对策，行动越发慎重。还有一部分人向许敬宗和李义府看齐，脚步明显开始向高宗方面移动。对武照而言可喜的状况到来了。长孙无忌派在朝中越发孤立，相对的支持武照的势力开始掌权。

事到如今，人们再也不能无视高宗背后的武照了。也有人偷偷议论唐室的命运掌握在她的手中，为将来担忧不已。长孙无忌与高宗，不，长孙无忌与武照的对决将如何发展，人们越发真切地感到这一时刻迫在眼前。

永徽六年（655）九月的某天，高宗召集大臣们。

——一日，有内殿议事之兆。

被召集的是长孙无忌、李勣、于志宁、褚遂良四人。该来的终于要来了，四人立刻想明白了原因。

等待期间，褚遂良对长孙无忌说："您知道陛下今日召集我等一定与皇后之事有关。此事陛下决心已定，若强行反对，结局唯死而已。绝不能让陛下因此事杀掉您和李公。老朽不过一介文人，未有汗马之劳，忝有今日，枉担如此重责。且老朽受太宗陛下托孤，如今若不以死进谏，有何颜面去见黄泉之下的太宗陛下！"

忠毅刚强的褚遂良的心中满怀着对一直以来提拔自己的

太宗和长孙无忌的感恩，以及今日便是报恩之时的悲壮决心。但需要注意的是，受召的四人中有一人缺席，那就是李勣。他托辞身体不适。而另一位于志宁则一直沉默，让人看不出他的真实想法。

"皇后无子，武昭仪有子，因而朕欲立昭仪为后，众卿以为如何？"

高宗用略显尖利的声音一口气说完这句话，停顿了片刻，表情有些不安，视线飘忽不定。褚遂良立刻回答："皇后出身名门，是先帝为陛下所娶之妻。先帝驾崩时对臣说：'朕的儿子和儿媳就交给你了'，此言如今犹在耳畔。皇后殿下未有大过，何以轻易废除！臣不能遵从陛下之言而违背先帝之命！"

褚遂良以凛然的口吻、必死的神情滔滔不绝。他搬出了最令高宗为难的父亲太宗的名号来顶撞他。高宗无言以对。他不高兴地打断了谈话，说明日再议，暂时压住了场面。当然，这也是因为他要趁今晚与武照仔细商量对策。

第二天，高宗再度提起此事。人员与昨日相同，李勣仍旧托病缺席。这次依然是褚遂良一人应答，最后他厉声说道："如果陛下无论如何也要废易后位，请从天下名族中选择皇后。为何一定要选择武昭仪这种人！众所周知，武昭仪曾侍奉先帝，这如何堵住世人悠悠之口！陛下千秋之后，天下人将如何议论陛下！陛下切当三思！"

褚遂良绝望了。虽然昨日向长孙无忌表明了态度，但他一个人拼命努力，无忌却一言不发。于志宁也保持沉默。事已至此，他抱定必死的决心，把手里的笏放在御座下，摘掉头冠，趴在地上说："笏还给陛下，请放臣回乡！"

他在地板上拼命叩头，血流满面。

高宗大怒："无礼之徒！"命近侍将他拉出去。从昨天就坐在高宗背后的帘子里、忐忑地关注事态发展的武照，终于忍不住尖声喊道："这种家伙把他打死算了！"

至此，长孙无忌方才开口："褚遂良受先帝太宗陛下顾命，即使有罪也不可加刑。"

未列席的其他宰相韩瑗、来济亦相继进谏。他们的说辞也大同小异。大意是皇后为一国之母，历史已经证明，皇后个人善恶关系王朝命运。

高宗和武照十分震惊，没想到阻力竟如此强大，他们十分焦躁，但也无能为力。大臣们一致反对的话，废后便不能继续。他们背负着先帝托付的遗志，用武照的出身和曾侍奉太宗的过往正面攻击，其道理的正当性无法突破。

但破绽从意料之外的地方出现了，那就是李勣。他是紧随长孙无忌之后的第二号人物，但与无忌略有嫌隙，被排挤出政治中心。一位是关陇集团的正统血脉，且有着作为唐室外戚、高宗舅父的背景，另一位是出身于山东某地方大族、趁隋末动乱投军并爬到顶点的猛士。两人系统完全不同，脾性不合也在所难免。并且，李勣还有着在太宗向高宗交替之际不明所以地被贬至地方这一有伤自尊的痛苦经历。自那以

李勣画像

后，在李勣心中，自己深受皇帝戒备、在政治对策上要慎重等想法一直十分强烈。

　　此数日间，李勣虽称病隐居家中，但并非真的在休息，而是不断在脑海中描摹宫中发生的紧迫事态，全力分析形势。褚遂良拼命谏言，高宗和武昭仪十分为难，长孙无忌没有行动，于志宁态度不明，他一直注意着所有信息。他知道，一着行错，迄今为止建立的东西就将全部失去。怎样做对自己有利呢？他抱着胳膊，一动不动地苦思冥想，终于得出一个结论。

　　御前会议一两天后，李勣一个人站在高宗面前，为当时的缺席谢罪，并汇报自己已经痊愈。高宗看着他的脸，迫不及待地切到那个话题："朕想立武昭仪为皇后，但因为褚遂良那厮的反对迟迟未行。那厮是受先帝顾托的重臣，朕只能等等再看了吗?"

李勣缓慢地做出了回答。但那时的他并没有预料到，自己的一句话有着改变唐朝未来及自身家族命运的决定性意义。

"这是陛下的家事，没有让他人置喙的道理。"

听到这句话，本来已经快要放弃的高宗脸色哗一下明亮了。对啊，还有这种说法，我们二人结婚为什么要受他人干涉！高宗如获至宝，欣喜若狂，急忙把这次会面结果告诉武昭仪。

——家事。

这是李勣的说法。谁也没有想到的理直气壮的说法。这句话在这儿有着强烈的意义。为什么呢？人们都抱着皇后这一位置应有的题中之义。高宗方面和大臣方面都明白这个道理，并在这一前提下相互交锋。而李勣的说法虚化了这一固有前提。

但是，此处有明显的偷换概念。现在所探讨的是皇帝和皇后这一公共关系中的婚姻，即便是皇帝和一般后宫嫔妃的结合，也不可与市井庶民的结婚同日而语。皇帝和皇后既然是代表国家权力的双璧，就必须背负与此相称的全部重担，意图用"家事"这一私的理论糊弄过去本来就很奇怪。

但这一说法震撼了群臣，对此期待已久的许敬宗即刻提出："就算是老农夫，多收十石麦子还想要换老婆呢。何况是独占四海之富的天子，只是想换一个皇后，旁人就如此胡言乱语！"

　　把田舍翁和天子放在同一水平上比较，这原本该当大不敬之罪。但没人注意到这一点，武照方面也将此作为有力论据。

　　不管怎么说，褚遂良等拼了命的抵抗，就因为李勣的一句话轰隆隆地崩塌了。高宗和武昭仪以此为契机突飞猛进，一口气实现了废除王皇后及立武昭仪为后的计划。在此期间，长孙无忌没有任何向高宗明确表态以及哪怕一丝想要扭转不利处境的行动，于志宁也始终优柔寡断。代表关陇集团的两位核心人物如此表现，明晃晃地暴露出他们所立身的关陇集团的基础和凝聚力已大不如前。

第十章

二圣与垂帘听政

永徽六年（655）旧历十月十九日，武昭仪正式登上心心念念的皇后之位。自14岁进入太宗后宫以来，历经十九年，她已经33岁了，不断迫近忧心容色衰老的年纪。有过在太宗身边苦闷度过的漫长失意岁月，也有过抓住与高宗的邂逅这根救命稻草拼命向上爬的紧张日夜，终于走到了这一步，她痛切地想。

但她并没有空闲就此沉浸于感慨之中。虽说已经成为皇后，却不知何时会被再度推翻。自己将王氏从皇后之位拉下马的先例方在眼前，为了不重蹈王氏的覆辙，她必须努力巩固自己的地位，不给他人以可乘之机。那么，首要问题便是如何处置过去的两位对手。

王皇后和萧淑妃的废位诏书在武照成为皇后的六天前即同月十三日下达。不过，二人在一年多以前已经是幽闭之身，与外界及高宗的联系均被掐断，后宫权力完全掌握在武照手中。

正式下令废位后，她们立刻被一起转移到后宫深处的别院。那儿是一间肮脏潮湿的禁闭室，入口被锁得严严实实，阳光也透不进来，只开了一个进出食器的小洞。武照在这样的环境中彻底地侮辱她们，意欲让她们发疯而死。

武皇后上位不久后发生了一件事。某天，高宗想起曾经相伴左右的王氏和萧氏。二人现在处境如何？不过他即使想起也不能表现出来，只是一个人走到后宫的幽禁处。

"皇后啊，萧妃啊，你们在哪儿？是朕啊。你们还好吗？"

二人听到心心念念的高宗的声音，急忙跑到小窗边，哭着回答："是陛下的声音！妾等获罪已被贬为婢，如何还能用过去的尊称唤我们呢？"

高宗看到她们悲惨的境遇，心生怜悯。

"你们有什么想要朕做的吗？"

二人回答道：

"若有幸得陛下相助，让妾等活着离开此处再度得见天日，请把此处院名改为'回心院'。"

"知道了，朕即有处置。"

高宗如是说道，然后悄悄地回去了。

皇帝去见她们二人的事情立刻传到武后耳中。丈夫高宗也有不对的地方，但那两个贱人更是罪不容恕，她的嫉妒之火熊熊燃烧起来。让她们活着只会变成灾难，武后想。于是她迫使高宗下诏，随便编了一个理由对二人处以百鞭之刑，打算通过这种方式折磨、杀掉她们。

武后的手下传达了这一诏书。二人立刻知道皇帝最终还是没能履约，同时也明白这是要她们的命。王氏接受了诏书，平静地开口道："愿天子幸福长寿。既然武昭仪专宠，我的下场便唯死而已。请动手吧。"

王氏仍未失去作为皇后的骄傲，毅然选择赴死。

但萧氏不同。她本来就是烈性之人，一直憎恨横刀夺爱抢走自己幸福的武氏。她恨意未消，死不瞑目。

"武氏这个狐狸精，勾引陛下，乃至轻易取得皇后之位！我来生定会生为猫，她生为鼠，我要咬断她的喉咙！"

萧氏声嘶力竭的喊叫响彻后宫。

武后将她二人拽出来，鞭刑之后又令人斩断她们的手足。

"叫这两个贱人醉入骨髓！"

二人被放入准备好的酒甕中，仅留头部在外。她们以这种状态苟活了好几天，死后尸体又被剁碎。武后又将王氏改为蟒氏，萧氏改为枭氏，极尽羞辱。

曾经有一个著名的故事。汉朝吕后过于嫉妒丈夫高祖的爱妾戚夫人，将她的手足斩断、眼睛剜出、舌头切掉，投进厕所，称之为"人彘"。武后自然是有意效法，以儆效尤，警示对象不言而喻是王氏和萧氏，同时还有高宗。这是委婉的威胁，轻视皇后武氏将有何下场。她的嫉妒心和权势欲是多么可怕啊！

此事还有以下后续：

　　萧氏临死之际，大叫自己会变成猫作祟，此事深深地刻在武后心里，她从此对猫极为厌恶，宫中一律禁止饲养。之后她经常看到披发沥血的王氏和萧氏亡灵。武照害怕报应，曾尝试移居建在宫城东北高地上的蓬莱宫（大明宫），但即使在那儿亡灵也还是会出现。狠辣如她也经受不住，之后便舍弃长安在洛阳生活。

　　关于这一后续亦有人存疑，特别是武后常驻洛阳与亡灵出现之间是否存在直接联系。她称洛阳为东都、神都，以之为事实上的首都长久居住，更多的是出于大的政治因素。或许确实可以这么说，不过迁居洛阳这一举措本就出自武后强烈的个性，认为与其私人原因密切相关也并不奇怪。

　　实际上，武后一方面意志坚定，从不服输，同时又具有注重细节、讲迷信、信神佛等令人意外的一面。强与弱、表与里，关注并理解这两个方面，才能明了她所采取的各项政策和行动的意义，人物形象也更加丰满。

　　武照成为皇后之后，首先处理了后宫的善后工作，接下来自然是挺进公开的政治场合，但此事必须慎重。阻止武氏成为皇后的长孙无忌等继续安居高位，即便是被左迁的褚遂良也身居潭州（湖南）都督这一地方要职。但众所周知，武后这个女人不可能就这样放过长孙无忌集团。与表面上的平静相反，水面下一直暗流涌动，剑拔弩张。

　　两年后的显庆二年（657）七月，武照一方率先出手。

"侍中韩瑗、中书令来济与褚遂良谋大逆，他们将褚遂良外放至'用武之地'桂州（广西桂林市）担任都督，便是要内外呼应举兵反叛。"

上书弹劾者是得到武后授意的许敬宗。褚遂良确在当年三月从潭州都督移任桂州都督，但这一调令的发布武后不可能没有参与。尽管如此，她却佯装不知，令人弹劾此事为韩瑗等人所为。褚遂良移任桂州都督的异常调动是武后将他们一网打尽的伏笔。

最终，三人被左迁为边境州的刺史（长官）。褚遂良向爱州（越南河内以南，清化），来济向台州（浙江），韩瑗向振州（海南）。王皇后的外祖父柳奭也在同一时期被迁为象州（广西）刺史。他们的任地，除来济之外均为当时最为人厌恶的瘴疠之地，必须做好死于疟疾和水土不服的心理准备，且全员都被下令"今后不许再踏入京城"。

等回过味来，长孙无忌在朝中已经被完全孤立。迄今为止长孙无忌集团占据的主要职位，被以李义府和许敬宗为首的杜正伦、辛茂将、许圉师等武后心腹或一直以来遭受排挤的官员填上。李勣和于志宁虽然还在朝中，但均与无忌保持距离，明哲保身。

给长孙无忌的孤立画上句号的带头人仍是许敬宗。对他而言，长孙无忌是无论如何也要除掉的绊脚石。虽然他已经在武后的提拔下位居宰相，但无忌在宰相队伍中仍残留着潜在的影响力，屡次当众责骂新上位的他，令他十分丢脸。只有除掉长孙无忌才能随心所欲，许敬宗怀着这种念头，**静静地等待时机。**

显庆四年（659）夏，突然发生了以下事件，不，捏造了以下事件的说法更为合适。事情的经过是这样：

洛阳人李奉节告太子洗马韦季方和监察御史李巢结"朋党"。听闻朋党，朝廷自然不能坐视不理。于是命许敬宗为负责人展开调查。朋党指官僚间的党派，不可擅自交结。因为说到底官僚的本分是遵从皇帝的意志忠诚做事，朋党会动摇、歪曲皇帝政治，成为滋生不正的温床。

深入调查的过程中，事态被拽向意料之外的方向。当事人之一韦季方企图自杀，所幸保住一命。但许敬宗抓住这一点，强行将这一事件与长孙无忌扯上关系。由于事关朋党且发展到当事人要自杀的程度，背后必定有大的黑幕，又有证明幕后黑手是长孙无忌的信件、文书、证言等。许敬宗预先把案件做成这般，之后向高宗告状："无忌与先帝发动玄武门之变以来，居宰相之位三十年，蓄积了一股潜在的力量。现在他若知道自己的政变计划被发现，不知会做出什么事来，应当即刻将他抓捕、惩处。"

高宗泣声答道："先有房遗爱谋反，这次又是舅舅长孙无忌，朕的亲戚接二连三地出事。这到底是怎么回事啊！朕已经不想再对姻亲们出手了！"

"请陛下三思！从前汉文帝仅因杀人这一理由就处死薄昭，薄昭是文帝母亲的弟弟且于文帝即位有功，但天下至今以文帝为明君。长孙无忌阴谋倾覆国家，其罪非薄昭可比。罪状昭昭，陛下不可再拖延！"

在口才上，如高宗这般无论如何也不是许敬宗的对手。最终，高宗被他说服，甚至连长期辅政的长孙无忌的辩词都没有听，就签署了将无忌左迁至地方的文书。

武后方面一直等待的正是此刻。将最核心的人物调离中央政界，之后再捏造各种理由将之逼入末路。无忌表面上被授予扬州（江苏）都督的要职，实际被幽禁在与之毫无关系的黔州（四川）这一边鄙之地。同年秋七月，无忌在黔州配所被逼自杀。

被视为长孙无忌一派的人及无忌一族亦在此前后被处分。柳奭被杀，韩瑗虽在此前已经病逝，却仍被以核查死亡事实的名目受到掘坟之辱，前一年已在任地亡故的褚遂良被追削官爵。而与他们保持距离、明哲保身的于志宁也因未积极拥立武后最终被贬至地方。

还有来济，很快也被从台州调往对西突厥作战的最前线，出任位于西北边境的庭州（新疆乌鲁木齐以东）的刺史。他在对西突厥的战斗中放言"我要报一直以来的国恩"，不披甲胄突入敌阵，送了性命。大概是一心求死吧。

长孙无忌集团就这么消失了，这无疑也是太宗为高宗所铺设路线的解体。高宗在毫无成算的情况下，亲手摧毁了支撑自己的体制。但回过头一想，将这种人推举为继承人的正是长孙无忌本人。他这么做也是出于个人目的，意在确保自

高宗肖像

己在朝中的地位。无忌是自食其果。

　　高宗生来体弱，且苦于"风眩"这一宿疾。其症状是头部充血、沉重，目不能视。他病弱的身体和懦弱的性情最终使武后的政治野心无限膨胀。

　　不过，高宗也有过出于自我意志想要处置武后的时候，虽然仅有两次。

　　第一次如前所述，关乎曾经的王皇后和萧淑妃的处境。高宗看到她们悲惨的境遇，一度想要将她们放出来以及恢复从前的地位，然而最终不仅没能实现，还给二人带来被虐杀的悲惨结局。

　　第二次是在那之后约十年的麟德元年（664）之事。某次，宦官王伏胜向高宗告发："一个叫郭行真的道士屡次出入皇后之所，行厌胜之术。"厌胜之术意在诅咒、杀害某个特定之人，若皇后在宫中举行此术，对象只能是自己。

高宗大怒，自己竟遭到如此对待。他偷偷唤来宰相之一的上官仪，商量对策。

"皇后行事专横，不得人心。索性趁机废后如何？"

上官仪当场如此提议，高宗也表示同意。

上官仪姓上官，是汉民族中罕见的复姓。因其父曾任江都宫副监而生于江都（扬州），在隋末动乱中成为孤儿，他曾作为私度僧出家，后因文才被认可而奉仕太宗。

上官仪作为唐初的代表性诗人而闻名，他的五言诗被称为"上官体"，为当时的高官们所重。他过于自信自己的才能，恃才傲物，在高宗咨询皇后问题时不假思索地就提出了废除皇后的意见。

高宗和上官仪的这次秘密谈话立刻被泄露给武后。这是她平素在皇帝身边布置的情报网起了作用。她脸色大变，立刻闯入高宗的办公处抗议。偏巧，诏书的草稿被放在高宗桌上，情急之下尚未来得及隐藏。

高宗迫不得已只能信口推脱："此乃上官仪所为。朕本无此心，皆因那厮教唆，方至于此。"

高宗再度为武后的汹汹气势所震慑，把责任推给部下就逃跑了。

第二次追责也草草结束。上官仪与其子上官庭芝、宦官王伏胜作为主谋被杀害，族人沦为奴婢。此外，梁王李忠也被密报与上官仪勾连，一道被处刑。

李忠在未能生育的王皇后活动下被推举为皇太子，之后由于王氏下台而被从皇太子降为梁王。降为梁王并遭到幽禁的他一直战战兢兢，害怕随时会被武后的刺客杀掉，因而精神失常。

武后方面将李忠逼迫至此，仍不允许他苟活。围绕皇后之位的激烈权力斗争的最后，他成为最大的牺牲者。

高宗以此事为界，停止对武后的"抵抗"。即便假设他仍未死心，周围也不再有接受他意见的环境。要职都被武后的手下把持，群臣之间也弥漫着对高宗的不信任。即使再尽忠于他，最后时刻翻脸不认人也让人受不了。就这样，高宗完全被孤立。

对于这样的高宗，武后已经毫无畏惧。虽说如此，她也丝毫没有摆脱高宗的打算。因为可以预见，一旦这样做便是与整个体制、全体社会正面为敌。对她而言，尚且没有这样做的力量和动机。作为皇帝的高宗，其利用价值无比巨大。

不过，即使武后握有实权，女人出现在公开的理政场所直接指挥政治仍为政界所不容。基于这种现实，武后采取了一种方法，即出席皇帝和大臣们处理政务的公共场所，但将座位置于皇帝背后，中间以帘相隔使外人不得见其身姿。由此，男人们取其名，武后得其实，这便是世称的"垂帘听政"的开端。高宗和大臣们不得不一边处理政务一边留意背后武后的呼吸节奏和衣物摩擦的声音等，并为时不时传出的尖利斥责而胆战心惊。

名义上的高宗与掌握实权的武后，高宗朝大半的20余年时间，可以说基本都是以这种形态展开。人们半是揶揄地称他们二人为"二圣"。以"二圣"这一关系为基础的"垂帘听政"早自显庆五年（660）左右就开始了。

第十一章
武后政治的新动向

    武后的日子忙碌而充实。

    每天，各种各样的卷宗被送进来。她将之放在面前，妥善而准确地下达指示，从细微处透露出的聪慧和厚重的文史教养令周围的人瞠目结舌。高宗只能垂手旁观。

    武后除却天生的资质，还有在太宗身边度过十余年的经验。她耳闻目睹太宗这样伟大的皇帝的政治手腕，在这个过程中养成自己对政治的认识和看人的眼光。这样的她即使代替高宗走上公开的政治场合，也能毫不畏缩地独当一面。

    政治的要义是什么？对武后而言，自然还是人。她致力于尽可能多地提拔、重用领会其用意并为之行动的人。在武后掌握实权的过程中及心满意足地坐上权力宝座之后，各种各样的人才在她手下登上政治舞台，不因她是女人而心存轻视，纷纷发挥自己的才干。应该说，武后身上同时存在着两种相反的特质，即令众人服从的威仪和始终吸引他们的人格魅力。

前已述及，在武后掌握权力的过程中，最初协助她的代表人物是李义府和许敬宗。两人一有机会就替武后冲锋陷阵，其中，李义府在破坏既存的门第秩序上起了重要作用。

太宗时期，为确立唐室（陇西李氏）相对于当时被称为山东贵族的旧门阀的优势地位，编纂了《贞观氏族志》。虽说旧贵族整体趋于衰落，但他们的地位并未因此被压低，意欲通过与这些名门缔结婚姻以提高自家门第这一从官场蔓延开的渴望根深蒂固，贵族们也期待通过这种婚姻获得巨额彩礼。不仅如此，唐室和关陇系官僚也抱着不能输给旧贵族的心思，加速自身的门阀化。重视门阀的观念根植于人们心中，非一朝一夕所能改变。

武后的母亲杨氏暂且不论，父亲武士彟出身于山西的无名之家。他作为木材商人积蓄财力，参与李渊（高祖）的举兵，得以在唐朝做官，但在此前武氏不过是一介农民。对于这种身份而言，现下夸耀门第的风气必然极其讨厌，武后一有机会自然想要打破它。

事实上，这种想法与李义府不谋而合。他本籍是当时山东一隅的瀛州（河北），虽同为山东李氏，但门第与名门赵郡李氏等有云泥之别，首先，《贞观氏族志》上甚至都未载其名。随着在政界出人头地，他以此为耻，无论如何想要提高自己的门第。他曾申请与山东贵族联姻，却被婉言拒绝，真实原因是"怎么能与这种暴发户扯上关系"。

颜面大伤的李义府于是出手报复。当时自负为名门中的名门、并为社会所承认的代表性门阀有陇西李氏、太原王氏、荥阳郑氏、范阳卢氏、清河崔氏、博陵崔氏、赵郡李氏七姓。除陇西李氏外，以上均为山东名门。李义府积极鼓动武后下令"七姓之间不得通婚"，同时禁止他们从门第不对等的家族那儿收取巨额彩礼等。

他又策划编纂新的氏族志。这次编纂的首要原则是打破既存的门第体系。为此，他将现在拥有五品以上官职和勋位的人皆加入新氏族志，称之《姓氏录》。所谓勋位，即一般人建立战功等之后为表彰功劳而赠与的、可谓相当于勋章的位阶。即使有勋位，也并不能就任相应级别的正式官职。因此，许多到昨天为止还默默无闻的低位之人突然被升为高门，他

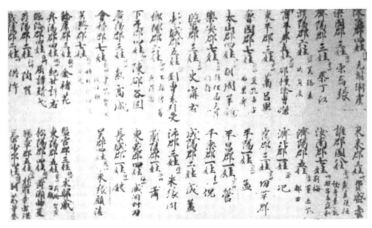

《姓氏录》残卷　敦煌文书

们自然很吃惊，然而仅以门第自恃的旧贵族们更为震惊。

旧贵族们十分不满，但此事背后有武后撑腰，他们也无可奈何。他们将之指斥为"勋格"，是暴发户的等级评定法，决心不做理会，同时企图钻法网的空子，通过婚姻维持门第。但即便有这样的抵抗，现实也已经不是由门第决定人生价值和位阶的光景了。无论他们再怎么夸耀名门，仅通过婚姻和裙带关系也不能守住其地位。那些手段只能算作消极抵抗，或者说不过是应付一时，不能指望更进一步。

不管怎样，旧贵族一旦不以家族名义与政界保持联系以确保更高地位，就难免走上长期衰落的道路。政界秩序由于李义府制定的"勋格"即将从根本上崩坏。旧贵族们面临的形势越发严峻，时代已经走到门阀系旧贵族势力与新兴非门阀系势力的交替期。从结果上说，李义府起到进一步推动这一进程的作用。当然，站在这一潮流顶点的是武后。

李义府由于为武后上台打了头阵而留名青史，但他本人平素行为极不检点。

洛州（洛阳）有一位叫淳于氏的妇人因通奸罪被捕。通奸在当时是重罪，她的情况恐怕最低也不能免除两年的徒刑（惩役刑）。但她碰巧是位美人，打听到此事的李义府想把她养为外室，就拜托调查该案的大理寺丞（副官）毕正义："给我行个方便吧。"然而此事被大理寺卿（长官）段宝玄知晓，发展为一大疑狱，在武后的帮助下好不容易压下去，最终毕正义被迫辞职自杀、激烈弹劾李义府的王义方被左迁至地方才算了结。

另外，李义府一边确保自己的族人至幼子都有官职，一边卖官鬻爵、根据贿赂金额大小量刑定罪，以至门庭若市。他申请将祖父的坟茔改葬在永康陵旁边，强行役使附近农民修筑墓地，举行规格超过王公的盛大送葬仪式。永康陵是高祖李渊的祖父李虎的墓地，而李义府的祖父不过一介地方小吏。诸如此类，民众对他意见很大。

他也终于到了被清算的时刻。一位占卜师对他说："阁下的住宅中飘荡着被下狱之人的怨气，要清除秽物，必须以两千万缗（一缗是钱一千文）钱行厌胜之法。"他真的相信了这话，行为变得失常。他先是为了得到钱财而大肆聚敛、卖官。又偏巧母亲在那时去世，他需要服丧。根据规定，服丧期间每月初一、十五可以休假悼念死者。每到那天，他就一大早偷偷溜出家门，出城东登上古墓望气。这大概是厌胜的一种吧。

这一带也就是洛阳城的东郊，位于自古以来就以墓葬区闻名的邙山一角，附近陵墓众多、连绵成列。登临其上，莫名地就像在全心祈祷，这在旁观者看来必然非比寻常。而他本来应该做的哭吊亡母却敷衍了事。于是，李义府被以厌胜、不孝、图谋不轨、卖官、泄密、非法蓄财等罪名起诉，最终长期流放巂州。这是龙朔三年（663）四月之事。

负责调查李义府的人是司刑太常伯刘祥道等。对于李义府的流放，人们十分高兴。有人仿效快马传递战事捷报

邙山坟墓的风景

之人所用的帛书"露布"，写上"刘祥道破李义府露布"，挂在显眼的路边，对李义府的憎恨程度由此可见一斑。三年后大赦发布时李义府也不在赦列，他在期待落空的忧愤中死于配所。

如此凄凉的下场当然是他自作自受，但也是武后默认的结果。她感到他的任务已经完成，也知道他风评极差。武后通过舍弃李义府，将恶评的责任全部推到他身上，以此作为了结。

充分看清臣下的能力，只要自己需要无论如何都会任用，一旦没有利用价值便果断而冷酷地舍弃，这是武后对待臣下的一贯姿态，在这个过程中生存下来的人就构成了支撑武后政治的核心。李义府在没有透彻了解武后其人的情况下就被她当枪使，成为最初的牺牲者。

在当时的宰相之中，对武后了解最为充分的人或许可以说是李勣。

李勣出身武人，在太宗朝后半期成为宰相，之后至武后专权时期一直身居相位。如前所述，他曾在太宗死前突然被出至地方，切身体会到作为武将居于政治中心受到何等戒备。他本就处事淡泊，此后言行越发慎重，极力避免在明面上参与政治。

在武照成为皇后之际，他采取与长孙无忌不同的行动，通过一句"家事"的发言帮助了武后。这一做法也在情理之中。他想，若在这个问题上与武后作对，即便成功阻止了她，自己也与长孙无忌集团性情不合，迟早会被排挤出去。客观来看，武照力量强大，高宗亦完全被她迷住，且关陇系的凝聚力也已不比当年。他这样冷静地计算了大势，转而拥立武后，这一点与其他人稍有不同，他们的出发点是在政治上崭露头角的野心。

因此，即使在武照成为皇后之后，他也与李义府等以宠臣身份作威作福不同，只是一个人淡淡地做好宰相本职。李勣在总章二年（669）以76岁之龄故去，临终之际，他恳切地嘱咐弟弟李弼："我的死期将至，如你所知，房玄龄、杜如晦和高季辅无一不想永葆太宗陛下的名臣之名，却都因不肖子孙而惨遭破家绝嗣。我也有那种不肖儿孙，之后全部交给你了。如若他们行为不谨，交结恶徒，便立刻打杀，无论如何要预防家破人亡的祸事。

"我的葬礼从简。不要陪葬金银财宝。枢用粗陋的露车（灵枢车）搬运，给我着常服。不过，希望放一身朝服入棺，因为在彼世见太宗陛下时必须要穿。明器只要陶马五六匹，木人十个左右就够了。"

他只说了这些，之后便不再说话，静静地闭上了眼睛。

李勣的人生轨迹，与其说自己期望着爬到宰相之位，不如说是由于作为武将的能力和人品而被推上其位更为合适。即使到高宗朝，他也依然不可或缺，一直是政界重镇。并且，他还有助武照登上皇后宝座的功劳。但很明显，如果他将此事宣之于口、作威作福，必然会伤害武后的自尊，最终一定会被赶下台。他尽可能低调处事，不出任何风头，希望平安度过此生。

但谁能想到，尽管他拼命祈愿，孙子李敬业却起兵讨伐武后，并因此见杀，家族也被摧毁。多么讽刺的结局！此事之后再谈吧。

李勣在遗言中提到的房玄龄之子，即高宗即位之初因谋反被杀的房遗爱，杜如晦的儿子说的是参与太宗皇太子李承乾谋反的杜荷，高季辅的儿子指的是高正业，他被归入欲将武后赶下台的上官仪一派，因而被流放岭南。他们是唐创业功臣的第二代，全然不知建国时的辛劳，属于被周围奉承着长大的一代。而且正因为父辈都是大人物，他们不愿被父辈的名声压垮，出人头地的想法比一般人更为强烈。

原本第二代的处境就殊为不易。因为必须兼备坚守创业者所开创事业的守成姿态和将已开创事业发扬光大的积极性两方面的素质。何况创业者伟大的话他们要更加伟大。以上诸人既然怎样都及不上父辈，就应该认清自己，彻底地守成，高宗便是如此，然而他们连这一点也做不到。

不过，托他们的福，我们得以邂逅武后这一史无前例的个性鲜明的人物。高宗及其他二代们的姿态冷不丁地暴露了唐的软肋，武后正是牢牢抓住这个软肋，最终爬上权力的顶端。

对于刚刚成为皇后的武后而言，当然遇到了一些困难和抵抗，但也没有预想的那么严重。她对于代替高宗处理政务的兴趣和自信进一步提高。即使从社会上看，对于她成为皇后虽然有一些批判之声，却也未见正面的反对行动。

不仅如此，对她而言更有利的状况到来了。那就是长时间困扰中国方面的高句丽这一悬而未决的对外问题在高宗朝得到解决。

高句丽是以辽水与中国分界，占据今东北南部及朝鲜北半部领土的通古斯系民族国家。这个国家本来并不与中国方面对立，在积极引进中国文化的过程中，国力日渐充实。隋统一中国之后，其戒心不断增强，使得双方关系日益疏远。另一方面，完成国内统一的隋野心也日渐膨胀，希望成为囊括北亚至东北亚在内的整个东亚的盟主，君临天下。如此一来，不听话的高句丽不可避免地成为隋朝最大的眼中钉。

于是，隋文帝一度、炀帝三度出动高句丽远征军，但无一例外遭到顽强抵抗，惨被击退。高句丽最强盛的时期是自因"广开土王碑"而闻名的好太王（391—412年在位）时期开始的一个世纪左右，到隋代已经开始走下坡路，即便如此，高句丽还是抵御住了这四次进攻。

他们采取的战法首先是诱敌深入，尽可能延长人员和物资的补给线。而自家军队则一直闭城坚守，伺敌之虚用游击战搅乱对方战阵。由于这种在熟知地利的基础上展开的抗战，隋军只能任其摆布。

并且，他们还有严冬这个强大的伙伴。漫长的冬天冻结了一切，中国士兵完全应付不了。相对于必须在冬天到来前的有限时间内结束战争的隋军，高句丽军高举民族意识，持久战和游击战双管齐下。很明显，即使依仗庞大而强有力的军事力量，他们也不是能轻易打败的对手。

唐朝初年，高句丽送还隋军败退之际遗留下来的中国士兵，协助收拾遗骨，努力修复双方关系。唐方面也不再采取隋朝那样的高压态度，转而谋求恢复良好邦交。但这并不意味着原本的紧张氛围就此烟消云散。唐的想法并未改变，有机会的话还是要征服高句丽，掌握朝鲜全境，成为东亚盟主。高句丽方面，同样以坚守国家和民族独立为最高命题，丝毫没有放松警惕。

太宗降服北方突厥，被西北诸国奉上"天可汗"称号，又成功打通西部丝绸之路，此后高句丽的戒心再次提高。唐朝方面也同样，悬而未决的高句丽问题重新被提上日程。

开战前夕的贞观十六年（642），高句丽国内发生一件大事。以西部（或者东部）大人之位操纵国政的泉盖苏文发动政变，将反对派大臣、高官等180人左右全部杀掉，又绞杀国王荣留王，拥立国王弟弟的儿子高藏为国王（宝藏王），自立为莫离支（将军），独掌政治、军事大权。

接到这个报告，唐朝方面一下兴奋起来，因为得到了攻打朝鲜的绝好口实。即讨伐弑君的大逆之徒泉盖苏文，解救深受涂炭之苦的民众。太宗立刻正式着手备战，至贞观十九年（645）春，水陆十余万大军一齐进攻高句丽。但这次行动也以失败告终。唐直至打下辽水对岸的高句丽据点辽东城（辽宁省沈阳市）时尚且顺利，然而另一据点安市城的进攻却十分棘手，最终未能更进一步就迎来冬天，不得不撤军。

炀帝的失败尚在眼前，太宗却重蹈覆辙。

"魏徵活着的话，一定会谏止我这种无意义的行动。"

虽然之后太宗如此反省，但一旦出手，就不能半途而废。太宗后来又继续出兵，最终却依然未取得任何成果，徒增牺牲而已。

即使到高宗统治时期，两国关系仍未好转。不止如此，在高句丽、百济、新罗三国鼎立的半岛，高句丽和百济联合对意图获取唐的援助以增强力量的新罗施压，再加上日本扶

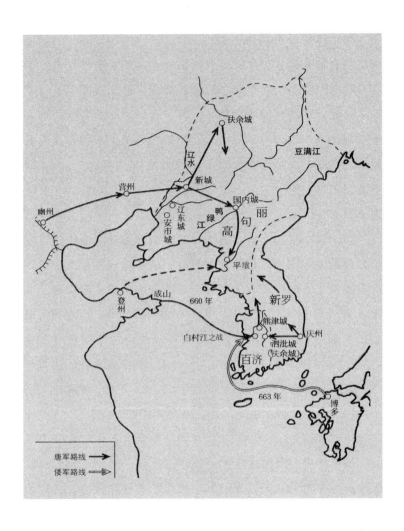

高句丽征略相关图

持百济，新的紧张蔓延开来。唐担心局势进一步恶化，不得不考虑动真格。

新罗早先提议与唐共同讨伐百济，并在此基础上南北夹击高句丽。唐接受了这一议案，显庆五年（660），派苏定方率10万余水军与新罗军一道，一口气攻下百济都城泗沘城（扶余）。百济最大的靠山高句丽被唐军牵制在北边不能动弹，而求助日本援军更是远水难解近渴，负隅顽抗亦是徒劳。至初秋，百济王率部下降唐，百济王朝灭亡。三年后，为帮助百济王子丰璋（扶余丰）而进攻朝鲜半岛的日本军也在白村江（白江）遭到惨败。

唐就这样构筑了南北夹击高句丽的态势。随后，乾封二年（667），在内忧外患的严峻形势中，以高压手段统治高句丽的泉盖苏文去世，接踵而来的是老一套的儿子之间的继嗣之争。趁敌人内部分化之机，以李勣为总统帅的唐军从北部一拥而入，一举包围高句丽都城平壤，经过一个多月的拉锯战，平壤最终陷落。国王高藏率众举白旗至李勣军门投降。这时是总章元年（668）九月，恰逢秋日将近。隋以来屡次击退进攻、一直坚守民族独立的高句丽的漫长历史至此也宣告终结。①

正好在武后掌握政治实权的时期，也就是从显庆五年

---

① 关于隋唐与高句丽战争的性质和表述，中日两国学界意见差异较大。为让读者了解本书作者的观点，谨保留原文风貌。

（660）开始，朝鲜形势开始朝着对唐有利的方向转变。之后仅仅八年就成功平定了堂堂太宗也没能攻下的高句丽。可以确定的是，武后深入参与了这个过程，尤其在大胆决断进攻百济之时。这一系列的发展，无疑将她的强大运势和政治能力广泛根植到人们心中。

武后在与高句丽作战的过程中，还有更珍贵的收获。即得到可以支撑政治、军事的新人才。

那就是代替李勣、在军事方面也能运筹帷幄的刘仁轨。唐军平定百济后，他受命统治该地，而另一方面，乘胜进攻平壤的唐军行动失败，不得不进行大撤退。与此同时，百济故地的反唐斗争高涨，刘仁轨处境窘迫。高宗下达了"暂时退避新罗"的命令，部下们归国的愿望也十分强烈。但只有刘仁轨一人两条路都没走。

"现在舍弃此地的话，百济不日就将复兴。这样一来腹背夹击高句丽的计划就会破产，不知何年何月才能将之平定。"

他如此劝说部下，大胆选择了留在百济的道路。他们宛如漂浮在大海上的孤岛。刘仁轨在收整部下抵御百济残党攻击的同时，还要整修百济国内在战乱中遭到破坏的桥梁和道路，复兴产业，以恢复荒废的民生。其部队正是在这样艰难的环境下，与日本派遣的400余艘战船在白村江展开激战，并彻底将之击败。

仁轨遇倭兵于白江之口，四战捷，焚其舟四百艘。

烟焰涨天，海水皆赤。贼众大溃。①

《旧唐书·刘仁轨传》如此叙述当时的场景。此即世称的"白村江之战"②。切断日本与半岛联系的"罪魁祸首"正是这位刘仁轨。

刘仁轨由此深受好评，所谓既可决胜千里，又能运筹帷幄。并且，从出身而言，他是汴州（河南）尉氏人，虽为山东系，却并非什么了不起的门楣。这不言而喻完全符合武后求才的眼光。他成为深得武后信赖的人才之一，填补了李勣之后的空白。

说到人才，有一位百济人因为刘仁轨的关系受到提拔。即黑齿常之这一人物。他是一位身长七尺有余（两米多）③的壮汉，不仅勇猛而且富有谋略。唐平定百济之时，他以百济地方官的身份投降，而总统帅苏定方认为他本人更为危险，将之逼入反地。但他之后被刘仁轨降服。这时，对于部下"此獠本性如同野兽，完全不能相信"的忠告，刘仁轨回答："我看此人是忠肝义胆、看重信义之人。先前之所以反抗，是因为对方没有眼力。给他机会的话，定会拼命报效我唐。勿

---

①《旧唐书》卷八四《刘仁轨传》，第2791–2792页。
②"白村江"在中国史书中一般称作"白江"，国内学界习称此战为"白江口之战"。
③古代尺寸与现代尺寸度量长度并不相同，且各朝代存在差异。唐代一尺的长度相当于现在的30厘米左右。

要怀疑了。"

之后，黑齿常之作为唐的武将，在对吐蕃和突厥的对外战争中身先士卒，屡立战功。他也可以说是武后时期登场的新人才之一。

经由以上发展，至上元二年（675）左右，武后的统治体制明显得到巩固。首先看这一年的宰相阵营。戴至德为右仆射，刘仁轨为左仆射，张文瓘为侍中，郝处俊为中书令，李敬玄为吏部尚书。考察各自的出身，戴祖籍相州（河南）安阳，是太宗时任吏部尚书的叔父戴胄的继承人。张是贝州（河北）武城人，郝是安州（湖北）安陆人，李是亳州（安徽）人。刘如前所述，是汴州尉氏人。

正如籍贯所示，这些人全部出身于非关陇系，就连门第也不能进入所谓的名门阶层，多是因个人才智被认可才晋升至现在的位置。个个都是自年轻时就富有才学，不仅具备高超的政治手腕，在军事方面表现也很突出。

以李敬玄为例。此人记忆超群，在掌管人事的西台（中书）侍郎和吏部尚书任上时，据说每年超过一万的人事变动对象们的脸和经历他都能清晰记得并准确处理，乃至于即使在街上碰见某个人，也能立刻知道是何地的某某。只是，他对自己出身寒微感到自卑，为此利用权位三次迎娶山东贵族之女为妻，将自己的谱系与赵郡李氏扯上关系，又将贵族人士安排在中央要职。最终，这一点为刘仁轨所恶，他被出至边境军职。

李敬玄祖护门阀贵族而被迫倒台，这件事意外地暴露了构成当时政治中枢的人们共通的弱点。虽说如此，即便是李敬玄，也未必是出于中饱私囊、随意弄权的缘故。其余诸人也热心政务，致力公平，个人言行亦以朴素为要。况且李敬玄那种过火的行为也由刘仁轨等内部检查处理了。

说到刘仁轨，他与戴至德之间有这样一个故事：

担任宰相后，刘仁轨接到伸冤之类的诉讼就安慰对方：“那真是太严重了”，然后按对方所言应允下来。与此相对，戴据理力争，严明是非曲直，并不直接按照书面申请接受诉讼内容。但是戴一旦认为诉讼正当，就私下上奏皇帝，以皇帝的意志为之沉冤昭雪，自己从不出面。因此，不知内情的人们都赞颂刘仁轨，认为戴至德为人冷酷。

有人给他忠告：“何不稍微让人们知道一点您在其中的努力呢？”戴至德恬淡地回答说：“在喜事与刑法上下达最终判断是人主的权限，臣下怎能为突出自己而与人主争权？”

戴这么做当然也是顾及刘仁轨，希望人们都尽可能地去关注他。

郝处俊性情刚直。病弱的高宗曾透露过欲禅位给武后的想法，尽管武后就在旁边，他依然明确表示反对：“皇帝让位给皇后之事，终究是闻所未闻。皇帝是阳，皇后代表阴，皇帝与皇后的关系可谓相当于太阳和月亮，两者的位置和作用不可逆转。而且唐的天下是高祖、太宗两位陛下传给陛下的，并非陛下个人之物。即便让位也是让给子孙，怎可让给作为外人的皇后一族。"

恐怕郝处俊是看透了不久的将来要发生的事情，才如此斩钉截铁地提出反对。即使是武后，对于这一正当言论也无法反驳，而且她也清楚地知道，现在还不是暴露权力欲、付诸行动的时机。

谁都能看明白，武后已经掌握实权，高宗日渐沦为装饰品。即便如此，批判和抵制似乎也比想象中迟滞。其中一个重要原因在于，武后起用了这些富有政治资质、能平衡各方势力的有识之士担任宰相，并尽力让他们各竭其能。她通过任用这些人才，着力收揽人心。

第十二章
武后与她的家族

　　高宗比武皇后年轻五岁，然而面色苍白，身体虚弱，经常卧病在床，看起来比武后还年长许多。他本就是虚弱多病的体质，又有风眩的老毛病，且近来发作间隔缩短，每到那时都头痛如割，身体剧烈痉挛，痛不欲生。

　　但无论他多么痛苦，一旦有军国大事发生就必须出现在大臣们面前。这是作为皇帝的义务，武后也如此要求，就算勉强也要拉他上朝。高宗看着武后处理政务时欣喜的身影，不知不觉就将"我想把政权让给皇后然后隐退"的话宣之于口，被郝处俊严厉地规诫也是在那种时候。

　　武后越发自信这个社会开始以自己为中心转动。她内心也偷偷想过，说不定自己真的可以继承帝位。即使真到那一步，我也有充分的资质胜任，现在代替不堪依靠的丈夫高宗妥善处理所有政务不就证明了这一点吗？她自负地想。

　　当然，这种事情不能说出口。女人当皇帝之类无疑是惊天动地的大事，史无前例。在当时的一般观念里，甚至连有这种想法都很不得了。但是，能否挑战一下这项了不得的大事呢？这一新的野心逐渐开始在武后心中膨胀。

人类这种生物，在初通人事时遭受的屈辱和痛苦的记忆似乎无论到多大年纪都留在心里很难消除，并对本人精神世界的形成产生微妙的影响。就武后而言，这种经历便是自幼时以来亲眼目睹的异母兄长们的欺凌。

如前所述，武后的母亲杨氏作为武士彟的继室嫁进来之后生了三个女儿。那时武士彟前妻相里氏生的两个儿子——元庆和元爽已经成年，和继母母女的关系并不和睦。而两兄弟背后还有武士彟的同族亲戚。继承隋朝皇室血脉的杨氏与山西农村出身的他们，在门第上有天壤之别。他们对于平素以此为傲、高高在上的杨氏应当不会很满意。

这些人一道明里暗里地苛待杨氏母女。武士彟活着的时候还好，他死后这种情况愈演愈烈。母亲杨氏生性好强，而二女儿也就是武照比她更加要强，因此被欺凌得尤其厉害。

虽说生母不同，但他们是血肉相连的兄弟姐妹，是亲人。亲人是一旦遇到问题无论如何也要互相帮助的关系，这就是中国社会中的家族。然而武照的情况却并非如此。在最为敏感的年龄段体会到的屈辱，在她的心灵深处变成恐怖黑暗的渣滓遗留下来。她心中若隐若现的残忍，对于憎恶的对手穷追不舍、痛下杀手，有时甚至连血肉至亲都不放过，这些恐怖之处可以说是刻印在她精神成长期的对人的不信任所落下的阴影。

之后，武照成为皇后，站在了可以清算过去加诸自己身上的痛苦的地位上。武后最憎恨的对象是两位异母兄长和伯父武士让的儿子武惟良和武怀运。这些人对她的母亲杨氏也很无礼。

武皇后上位，武氏一族的各色人等自然飞黄腾达。即使是异母兄长也同样，各自有所晋升。

某天，武氏一族聚在一起饮酒。如今已是荣国夫人的杨氏，叫住过去对自己冷眼相加的武惟良等，得意且略带嫌恶地说："还记得你们过去的所作所为吗？今日这些荣华富贵是托了谁的福啊？"

武惟良等答道："我等因是大唐创业功臣子弟而被授予官位，知道自己的分量，从未奢望更多的荣华富贵。没想到却因皇后族人的身份受到如此过分的厚遇。日夜忧心，唯恐犯错，绝没有以此为荣。"

杨氏的期待落空了。因为她原本料定这些人多半会点头哈腰，为过去道歉，谄笑着赞颂武后的伟大。勃然大怒的她立刻将此事告诉武后。武后听到后，想起过去所受的屈辱，怒火油然而生。她原本考虑如果他们表现良好，甚至可以将过去的恩怨一笔勾销，不再与之计较。正准备让他们见识一下自己的大度，却听闻这番言辞，她终于忍无可忍。

于是惟良等纷纷被以外戚应远离政治中枢这一表面借口

左迁至边鄙之地。惟良迁为始州（四川）刺史，元庆为龙州
（四川）刺史，元爽为濠州（安徽）刺史。元庆在任地病死，
元爽被进一步流放振州（海南）而死。他们的家人也被勒令
随行前往。

对他们的处置还没有结束。武后的堂兄惟良还在任地平
安活着，她对其弟怀运的恨意也没有消除。她静静地等待时
机。

这一时期还发生了一件令武后难以容忍的事情，与她的
姐姐有关。

武后被高宗迎入后宫之后，姐姐作为她的亲人被授予
"韩国夫人"称号，得以在宫中自由出入。韩国夫人早已嫁给
一位叫贺兰越石的人，育有两个孩子，一个是叫敏之的儿子，
另一个是之后被赐予"魏国夫人"称号的女儿。韩国夫人也
好，魏国夫人也好，大概由于和武后一样继承了杨氏的基因
吧，都是眉清目秀、容貌讨男人喜欢的美人。

且说韩国夫人和她的女儿魏国夫人在出入后宫期间不知
何时都与高宗发生了关系。首先是韩国夫人。事情当然被武
后察觉，即便是亲姐姐，善妒的武后也不能宽容地视而不见。
某天，武后在食物中下毒，轻描淡写地将她杀死了。那时韩
国夫人和高宗之间似乎已经有了一个在吃奶的孩子。这个孩
子的下场之后便成了只有武后知道的秘密，被埋藏在黑暗之
中。但是，这一问题后来意外地冒了出来，关乎皇太子李贤
的出生，此处暂按下不表。

高宗在韩国夫人被杀后，接着对魏国夫人出手，他十分喜欢她，计划纳入后宫。但此事必须要得到武后的同意，他纠结着什么时候向武后开口。看着高宗磨磨蹭蹭的样子，敏锐的武后立刻明白。

"那个小母猫，背着人干了什么好事！即便是外甥女也罪无可恕！"

她佯装不知，暂且按兵不动。

时间到了乾封元年（666）。这一年的正月初一，高宗在泰山举行封禅大典。所谓封禅大典，是一种祭祀仪式，即作为天帝之子（即天子）受命为统治人间的皇帝，将自己作为人间统治者君临天下之事报告给天神和地神。其形式是先在巍巍耸立于山东平原上的泰山之顶报告天帝，接着下到山麓报告地神。只不过这自古以来都是不为外人道的秘密仪式，只有皇帝带着极少数扈从在祭坛周围支起的帷幔中举行仪式。

提议这一年封禅的是武后，她从三年前就着手准备。如此热心的原因在于她也同皇帝一起参加该仪式，由此向天神、地祇等诸神及内外万民宣告她与高宗掌握着同等权力，即"二圣"这一理念。此乃重中之重，于是她不顾周围人的意见，强硬推行此事，最终达成夙愿。

话说回来，始州刺史武惟良及其弟淄州（山东）刺史武怀运也被宣召参列封禅大典，之后随皇帝回到洛阳。武后计划抓住这个机会，将可恶的亲戚们一网打尽。

八月的某天，武后劝高宗出幸母亲荣国夫人杨氏的宅邸游玩。武后的亲戚们聚在一起举行家宴，宴席的食物由惟良、怀运准备。食物被盛放在各个食案上，置于各人面前。然而，魏国夫人贺兰氏吃过自己食案上的腌肉不久，突然疼痛发作，气绝而亡。见此，高宗惊慌失措，宴席一片混乱。

武后大声命他们安静下来："这一定是想要妾身的命！可怜魏国夫人被误杀。要说在座之人谁憎恨妾身？必定是惟良与怀运二人，正是他们献上的食物！"

武后如此断言，二人再怎么辩解也无济于事。犯人变成了这两人，他们立刻被处以死刑。武后继续痛打落水狗，将二人改为蝮（蝮蛇）姓。真正的犯人当然不是他们，而是武后命令手下人偷偷在魏国夫人的腌肉里下毒。她巧妙地将自己憎恨的魏国夫人和两位堂兄一网打尽，一个人暗自得意。

武后就这样雪清了积年的仇恨，但事情发展到这一步有些麻烦，如何延续武家血统成了问题。在中国的观念中，家族应由一代一代的男子继承，若没有男性继承人就是最大的不孝，因为血统就此断绝，先祖的祭祀便不能进行。女儿再多也要嫁入别家，所生子嗣终究要冠以他姓，没有继承母方血统的资格。按常理来说，武士彟之后应该由武后的异母兄长元庆和元爽继承，但二人都在贬谪地死去，孩子们也同样被幽禁在父亲的任地。

武后思索再三，决定让姐姐韩国夫人的儿子贺兰敏之改为武姓，勉强延续武氏的谱系。武后的妹妹嫁给了一个叫郭孝慎的人，但未及生子就早早谢世，坦率地说武家只有这位年轻人了。

敏之肖似其母，是一位鼻梁高挺、肤色白皙的美男子。因身为武后娘家武氏一族的继承人而受到周围人奉承，不知不觉养成了自高自大、任性妄为的性格，特别是对待女性，平素行为很不检点。

司卫少卿杨思俭有一个容色美丽的女儿，当时被定为皇太子妃，连婚嫁日期都已拟定。然而敏之听闻她的美貌后强行将其奸污，她因此断送了年轻的生命。还有武后的小女儿太平公主，她年幼时曾带侍女微服出宫游玩，敏之却趁机逼奸了她的侍女。

更出人意料的是，据说他和外祖母荣国夫人也有肉体关系。荣国夫人明明已经是隐退的老年妇女，但仍四处奔忙，丝毫不见萎靡之色。敏之对她而言，与其说是外孙，毋宁说是年轻的情夫。之后武后在年过七十时依然让年轻的张昌宗等侍寝，这对母女大概恰好有着非常人可比的强韧肉体和精力吧。

敏之肆意妄为的行径令人无法忍受，再加上外祖孙的乱伦关系，令武后十分发愁，但她也只是默默地看着，因为武后也确实有对不起他的地方，敏之行为如此放纵，与那些事情也不无关系。

敏之的母亲韩国夫人被武后暗中杀害于宫中，之后他问高宗："母亲是如何亡故的？"高宗回答："我出去处理政务时还好端端的，看起来很健康，回来再看就已经没有呼吸了。
为什么死的如此突然呢？实在不可思议。"听闻此言的敏之趴
着哇哇大哭，之后却什么都没说。

武后在旁边静静地听着他们对话的全过程，心想："敏之
怀疑他的母亲为我所害，此事不能掉以轻心。"

这件事之后在宫中无人敢谈起，但戒心极强的武后一直
担心自己会遭到报复。

咸亨元年（670）九月，荣国夫人亡故。武后给最后陪在
她身边的敏之赏赐了宝物和锦缎，命他塑造佛像为荣国夫人
追福供养。但是，他并没有将这些财物用于造像等，而是放
进自己的腰包。事已至此，武后忍无可忍。

"这种东西不配做武家的继承人！"

他即刻被剥夺武姓，流放至南方的雷州（广东）。然而让
他活着对武后而言终究是后患，因此，他在去流放地的途中，
被武后秘密派人用马缰绞杀。时值咸亨二年（671）六月。

继承人贺兰敏之消失，再度留下谁来继承武家这一问题。
但此处先不给出答案，暂且先将这个问题放一放。

实际上，对武后而言，在亲人方面还有一件更为重要的
事情必须了结。即儿子皇太子之事。

皇太子李弘是武后的第一个儿子，为高宗第五子。武后
和高宗偷偷发生关系时怀的便是李弘，她因此得以再度回到
因太宗驾崩而退出的后宫。不仅如此，在之后驱赶王皇后下

台的行动中，李弘也成为她逼迫无子的王皇后的最强武器。可以说，武后能有今日，多亏了李弘。

李弘在母亲成为皇后之后，立刻挤掉异母兄长李忠被立为皇太子。他那时只有三四岁，尚不谙世事。

之后过了20年，李弘成长为一位出色的青年。他继承了双亲的优点，即母亲利落的五官和聪慧的头脑，以及父亲高宗温柔细致的性格。看着他成长得如此出色，父亲高宗最为开心，期待之后能安心将皇位托付给他。

有这样一个故事可以窥见李弘的人品。

那是他跟随老师郭瑜读《春秋左氏传》这一古代典籍时的事情。某日恰好讲到楚王子商臣杀掉父亲成王继承王位这一段，他合上书，叹息道："这种故事我读不下去。经典是圣人垂训，为何却记载此等有违人伦之事？"

"孔子作《春秋》，意在褒善贬恶。为训诫后人，商臣的恶事也必须书写。"

"但这种肮脏之事，无论宣之于口还是闻之于耳都令人生厌，请换本别的书吧！"

李弘的心肠慈悲至此。他不仅关心百姓生活，对待官员亦谦逊有礼，因而深受好评，人们一致称赞他是出色的继承人。但是，对于这样的他，最为嫉妒且越发戒备的正是他的母亲。儿子声望隆盛的话，高宗不知何时就会提出让位给他。况且他的性情与母亲截然相反，万一哪天知道母亲肮脏的一面，不知是否会反感。无论如何，这位儿子的存在都对武后的处境非常不利。

然后，武后最为恐惧的事情发生了。起因是太子某次在后宫一角发现两位被幽禁在一起的女子。未被给予充足食物和良好照料的二人，容颜消瘦憔悴，打扮寒酸，战栗不已。询问过后才得知，她们是过去因争夺高宗宠爱与武后激烈对立、最终失败的萧淑妃的女儿——义阳公主和宣城公主。

萧淑妃的女儿，也就是自己的异母姐姐，竟一直遭受这种待遇。太子震惊了。他对母亲武氏通过挤掉王氏和萧氏成为皇后这一往事并不十分清楚。人们一说到当时的事情便缄口不言，避开话题。在他隐隐感到似乎有内情的时候，偶然碰见这两位姐姐。

天生的正义感和善良使他立刻将这二人的事情告诉皇帝，并请求说："这二人被遗忘在后宫一角已逾二十年，年过三十却没有婚嫁的机会。请陛下务必为她们寻一门好亲事。"

高宗为女儿的可怜而流泪，同时为太子的关心感到高兴。武后在旁边一言不发，静静地看着他们对话，心中怒意翻腾。她看太子的眼光已经不是自己的儿子，而变成了威胁自己的对手。

武后当天就随便决定了两位公主的结婚对象。对方竟然是翊卫的权毅和王遂古。翊卫和亲卫、勋卫一起被称为三卫，是近卫军中编成特别部队、负责宫城内外警备的士兵。构成当时国家军队中心的是府兵（卫士），人员从农民中征集，与之相对，三卫被官员子孙及名门后裔等占据。

翊卫比一般的府兵好很多，虽说如此，他们终究不过一介士兵。既不是指挥士兵的将校，也不是调度大军的将军，而且他们将来也几乎没有可能担任这些角色。将皇女嫁给这样的人，再没有比这更羞辱皇女、愚弄站在她们中间的太子和皇帝父亲的事了。武后当然知道这一点，她正是为了以儆效尤而决定的这次婚姻。

萧淑妃临死前仍在破口咒骂我，我憎恨她尚且来不及，她的孩子本来也应该一道处死，却在宫中活了下来，这是托了谁的福！就冲这一点也应该感谢我，然而太子却煞有介事地编排我，存心破坏我的安排。是可忍孰不可忍！

"早晚看着吧。"武后知道太子不是一个省心的对手。不能再这么留着他，她冷酷地下了判断。于是，她把太子召到洛阳城西边的合璧宫，在食物中下毒，轻而易举地杀了他。这是上元二年（675）四月二十五日之事，太子年仅24岁。

听闻太子之死，高宗极为颓丧。谁都知道这是武后下的手。但是他已经没有责难武后的气力和权力。唯一能做的不过是表彰太子生前所为，赠予他孝敬皇帝的名号，按照皇帝的标准为他营造陵墓。

代替李弘承袭第二代皇太子位的是弟弟李贤。新太子也不是平庸之辈。他容姿端正，富有学问，也是高宗引以为傲的儿子。他召集学者为范晔《后汉书》所作的注，直到后世仍被广泛采用。

这位皇太子自然是武后所生的第二个儿子，但他的出生

唐孝敬皇帝（李弘）恭陵远景（河南省偃师市南景山）

飘荡着某种神秘的味道。根据记载，他生于永徽五年（654）
年末。说到永徽五年，虽说武后这时尚未登上皇后之位，但
她与王氏、萧氏的激烈斗争已经到了尾声，高宗也完全被她
收服，正是她稳固后宫地位的一年。于是，高宗和武后为了
去太宗墓前报告这一结果而出谒昭陵，据说途中突然开始阵
痛，生下来的就是李贤。

　　然而，难以理解的是，这一年武后为使王皇后下台，亲
手杀死了刚出生的女儿，之后又生了李贤。也就是不间歇地
怀孕、生产。即便是生育能力强悍的她，此事也有些不自然。
而且大概就在同一时期，武后的姐姐韩国夫人被杀了。

　　李贤成为皇太子之后不久，偶然听到宫女们嘀咕："皇太
子殿下不是皇后娘娘的亲儿子，好像是死去的韩国夫人的儿
子。"这种长舌妇们嚼舌根的话，当作耳旁风就好了，李贤却
听进去了。"这么说起来母后对我确实有些冷淡"，他想。

　　一旦这么想，就越发感到确有其事，却又不能将这些表现出来。他十分痛苦，变得自暴自弃，最终为了排遣心中忧郁，陷入和男奴赵道生等的同性恋关系中。

　　那时，一位叫明崇俨的术士获准经常出入武后身边。他通过看骨相之类，曾向武后评点皇子们的长相："皇太子殿下的骨相怎么看也不适合做继承人。与他相比，年纪稍小一点的英王（李哲）殿下的长相很像过去的太宗陛下。其下的相王（李旦）殿下长相最为显贵……"

　　这恐怕是他对皇太子平素粗鲁相待的报复吧，但听闻此言的武后看皇太子的目光越发严厉。皇太子素行不谨，又明显与自己作对，几次敲打都毫无效果。恰在这时，明崇俨不知被何人所杀。武后命令彻查，然而最终也没有找到凶手，但她认定是皇太子所为，决定废除其位。

　　一旦决定，何患无辞。她强制搜查皇太子居住的东宫，从马棚里找到百余副甲胄，认定为太子企图谋反的证据。充其量不过百副武具，以皇太子之尊备有这些也没什么奇怪。高宗决定不再查问此事，他爱着这个儿子。

　　但是武后绝不肯放过。他已经不是儿子，只是不合己意的敌人而已。她歇斯底里地叫嚷："身为人子却意图谋反，岂有此理！有子如此，当大义灭亲，何故磨磨蹭蹭！"

　　只这一句话，高宗就像泄了气的皮球，之后便按武后所言处理。李贤被废位幽禁，弟弟李哲（显）继立。这是李贤成为皇太子之后的第五年、永隆元年（680）八月之事。

　　李贤之后被流徙巴州（四川），并在当地被勒令自杀，结束了短短三十一岁的不幸一生。武后的时代结束后，他的身份得以恢复，被赠谥"章怀太子"，中宗在高宗的陵寝乾陵旁边为他营造了巨大的坟墓，他的遗体也由巴州改葬至此。

　　顺便一提，在1971至1972年，他的坟墓被发掘。横亘在那儿的是由长长的墓道和两个墓室组成的地下世界。遗憾的是，墓已经被盗掘，没有耀眼的出土物，但周围墙壁上残存着色彩鲜艳的壁画，还有两方记载李贤生平的墓志，使他的存在再次受到瞩目。

　　武后就这样一个一个亲手处理了自己的亲人。这种行为之后还将继续，暂且按下不表。一旦连自己的亲人、甚至自己忍痛生下的孩子都要怀疑，留给她的就只剩无论何时都满目荒凉的世界。在这一点上，她是一个不幸的女人，但这也是她自己选择的道路，之后只能继续前进。

第十三章

高宗的驾崩

　　高宗的身体依旧每况愈下。这段时间顽疾屡屡发作，每次发作人都越发消瘦憔悴，这一点连他自己也清楚。而武后却精力越发旺盛，一手包揽了全部政事。

　　这一年，也就是永淳二年（683）十月，高宗在名为奉天宫的离宫静养。当然，武后也和他在一起。奉天宫是武后为在嵩山举行封禅大典而于前一年营造的离宫，地处嵩山南侧的嵩阳县（登封市）。

　　嵩山这座山与洛阳近在咫尺，晴日远眺可以望见它美丽、威严的山脊线。但是从近处看，这条山脉就变成了树木稀疏的岩石山块，巍然耸立，显露出不让人轻易靠近的险峻。因此，嵩山自古以来便成为众多隐士和宗教人士修行的场所。后世以禅宗和拳法闻名的少林寺就位于嵩山山腰，尊奉那位在山中面壁静坐的达摩为老祖。

　　武后看到高宗的身体不如人意，已经没有体力承受去泰山的长途旅行，恐怕时日无多。她必须加快进度。上次封禅是乾封元年（666），之后十七年间她基本掌握了绝大部分权力。如今有必要在高宗死前，通过他向天地众神及内外万民表明自己的态度，提前将自己当为未来继承人的现实印刻在他们心中。为此，她不顾反对营造奉天宫，又将皇太子从长安召来，令他率领百官至此。皇太子即取代李贤的弟弟李哲（显）。在高宗驾崩之后取唐室而代之，武后的这一野心和自信已经越发坚定。

到奉天宫之后不久，高宗就说自己身体不适，头一阵一阵地如割裂般疼痛、沉重，近日连眼睛也看不见了。武后在旁边观望着高宗痛苦的情状，切实感到他的死期迫在眼前，已经没有治愈的希望，她决定放弃。

这时，侍医秦鸣鹤说："如今唯有一个方法，请允许我在陛下头上刺穴，将血引出。"

听到这句话，武后大怒，尖声喊道："这是什么话！竟敢损伤龙体！将此人斩了！"

不过，一直听着他们对话的高宗却命他一试。

手术于是得以施行。头顶发旋所在的部位叫百会，后脑勺突出部分稍微向下一点的地方名为脑户。这次手术就是朝这两个地方刺针，抽出一点血液。一试之下，高宗的头痛瞬间平息，眼睛也模模糊糊看得见了。身为医官的秦鸣鹤大为露脸，从武后那儿获赐彩绢之后退下了。

秦鸣鹤所做的手术大概是为了消除头部产生的淤血，使血液顺畅流通。当时已经能够进行如此高难度的手术，令人震惊，不过，总觉得这方法似乎受了印度医学的影响。

一般认为印度医学受到希腊医学和波斯医学影响，起源较晚但发展迅速，其中，尤擅外科手术和长寿之法。这些医术首先通过佛教徒之手传入中国，为其嚆矢者一般认为是东汉时期最早从事佛典翻译的安息人安世高。至唐代，新的医术通过其他路径被带进来，秦鸣鹤的手术或许就与此相关。

太宗至高宗时期几度与印度戒日王朝遣使往来，朝散大夫王玄策就曾作为唐朝使节出使过印度。关于其所行路线，一般认为他一度从丝绸之路越过帕米尔高原，后来则选择了穿过吐蕃领地、越过喜马拉雅山脉经尼泊尔通往中天竺的道路。他第二次出使印度时，借吐蕃和尼泊尔的援军讨伐北印度小国帝那伏并俘虏其王阿罗那顺而归的事迹也很著名。

如上所述，王玄策是当时中印交涉的主要负责人，是最了解印度的人物。他从印度归来时，带回来一个奇怪的人。据说此人名叫那逻迩娑婆寐（那逻迩娑婆），自称有两百岁高龄，习得不老之术。太宗听后深信不疑，在内城一角、金飚门附近赐其居所，用以炼制不老药，且应他所求，许他从各地收集可供炼药的灵草异石等材料，范围不止国内，甚至远及印度。

太宗服用了这个印度人炼制的不老药，最终却没有效果。太宗为延长寿命很早就开始服食丹药，最终沉迷于印度不老药，即便说正是这些药物缩短了他的寿命也不为过。他临终时，被召到床前的名医也无计可施。

尽管发生过这种事，可到接下来的高宗时期，仍有一个叫卢伽阿逸多（卢伽逸多）的人炼制长生药进献高宗，他修习的自然也是印度医术。见此，郝处俊谏言："贞观末年，先帝服用了婆罗门那迩迩娑婆寐所合之药，却毫无效果，反而仙逝。当时甚至有人提出应将那人处以极刑，但最终认为如此会暴露我皇耻辱，成为夷狄笑柄，因此才撤销处刑。恳请陛下不要重蹈覆辙。"

高宗听从他的谏言，不再服用印度药，不过不管怎么说，在太宗和高宗时期，朝中确有此类施用印度医术的人出入。印度医学又借助佛教的影响，与之相辅相成，在唐朝治下可谓影响广泛，秦鸣鹤所做的外科手术也很可能承自这一系统。

话题扯远了，但无论如何，高宗多亏这个疑似印度医术的手术，得以暂时脱离危笃状态。在好转期间，武后迅速将他移至洛阳。

翌年十二月四日（丁巳），高宗为表明病情恢复，改元弘道，同时发布大赦令。只是发布赦令之时需要皇帝本人前往宫城南门（外朝），在群臣和民众面前宣读。洛阳的宫城南门即则天门（应天门），高宗欲骑马前去，实际上却连那点力气也没有，他不得已在宫殿前宣读了赦令，当天之内便驾崩了。讽刺的是，以继续活着为前提的改元行动竟成为他最后的工作。高宗享年56岁。

高宗本就体弱多病，且性格懦弱、优柔寡断。这个人一生中唯一一次明确表达自己的意愿，争取到的就是武后这位女性。当然，就连此事也是武后在背后操纵。这一愿望的实现仿佛意味着他的使命终结一般，此后他便退出舞台中心。即使说他的后半生都被武后占据也不为过。

那么，就这样的高宗而言，他的人生可以总结为不幸的一生吗？不，未必能如此断言吧。确实，他拿个性强悍的武后毫无办法，有时还想从她身边逃离，但他并没有真正将此事进行到底。这可以说是优柔寡断的性格所致，也可以理解为他内心深处需要武后这个女人的感情更胜一筹的缘故。武后也同样，在掌握政治实权之后，依旧珍惜着高宗。就高宗个人而言，这应该说是总体可以接受的一生吧。

再来说武后。她偷偷想过，万全之策是丈夫活得再久一些，这样就可以直接逊位于她。从这个意义上说，计划发生了变故。这时的她已经下定决心接下来由自己继承帝位。只不过高宗在世时暂且不论，他驾崩后一直以来表面服从自己的臣僚、唐宗室以及百姓会作何反应，武后对这一点到底还是有些不安。计划必须万无一失，因此现在还需要一些时间。

围绕高宗的接班人问题，武后试着稍稍刺探了一下自己继位的可能性，然而时机尚不成熟，意识到这一点的她，同意以儿子皇太子李显为皇帝，他便是中宗。武后被尊为皇太后，当然，她不会放开任何实权，中宗应该可以说只是名义上的皇帝。

中宗此时已经28岁，按说这个年龄应该能够冷静地看清自己所处的位置，采取相应的行为。但此人与两位被杀的兄长相比逊色得多，是一个没有任何主见的平庸之辈。可以说正因如此他才没有被母亲戒备，得以至今日，但他刚登上皇位就触怒了太后母亲。

唆使他这么做的人是他的妻子——新晋皇后韦氏。她也和武后一样，是一个个性强悍、占有欲旺盛的女人。整日看着武后的背影，她的野心也膨胀起来，渴望有一天能如武后一般。高宗和武氏、中宗和韦氏，父子有着相似的夫妻关系。

韦氏在丈夫的耳边煽风点火："你已经是皇帝了，哪能一直光看皇太后的脸色！你要更有主见一点！"

她欲趁此机会扶持父亲韦玄贞登上政治舞台。韦后出身于京兆（长安）韦氏，是当地的名门，但她的祖父也好，父亲也罢，都不过是一介地方官，远没有达到跻身中央朝廷的高度。中宗听了她的话，立刻作出反应，将岳父提拔为门下省的长官侍中。

但是，这些主要职位全都已经被武后的心腹手下填满，尚书省左仆射为刘仁轨、中书令是裴炎、侍中是刘景先。由于中宗硬要把人塞进来，朝中气氛突然紧张起来。

"朕是皇帝！朕就算将天下让给韦玄贞都行！区区侍中为何不能给！"极度愤怒之下，中宗就这么说漏了嘴。这一言论立刻被裴炎报告给武后。翌年二月，武后突然召集御前会议，在全体官员面前单方面宣布废除中宗。中宗连发生了什么都没搞明白，转眼间就被士兵夹住腋下拉了下去，他悲愤地大喊："我有何罪过！"

"你不是说想将天下给韦玄贞吗？还有比这更大的罪吗！"

武后面向被带走的儿子的背影，恨恨地放言。

就这样，中宗在位不足百日就被废除，之后以庐陵王的身份在房州（湖北）的幽禁处度过了大约长达十五年的幽闭岁月。他所下的命令对于皇帝而言理所应当，但是他太不了解母亲的恐怖之处。在武后眼前，儿子已经不是儿子，有的只是如何站上权力顶点。中宗必须为小觑母亲的这一野心而付出代价。

中宗之后，弟弟李旦接着被推上帝位，即为睿宗。但睿宗深知自己在这个位置上的"本分"，他虽说继承了帝位，却没有登上御座，而是在偏殿闭门不出。因为武后很明显是这个意思，事实上也完全没有他出场的场合。因此，他率领百官提出"恭请皇太后陛下亲临朝政"。

武后政治自此正式开始。之后，武后在洛阳宫中的紫宸殿，坐在为她特别定制的、被淡紫色的帐子围起来的御座上与大臣们相见，为构建武氏政权不断发号施令。

武后已经62岁了，她的身体依然没有任何不适，精气神也越发高昂，但即便如此也无法掩盖容颜的衰老，她的内心不由得感到焦躁。她必须快一些，但是要克服的问题比想象中更多。想到这一点，她也曾一个人陷入黯淡的心情。

被流放到地方的父族武氏之人到这一时期都被提拔上来，

这些人拱卫在她身边，不断构筑支持她的声势。过去为了给自己和母亲报仇雪恨，她彻底铲除了叔伯同族，一度试着让贺兰敏之这个外甥继承武氏，结果却并不顺利。她意识到，终究只有同样继承武氏血统的人才最值得信赖，无论他们是为了先祖祭祀不绝，还是为了达成自己的目的。

被召回来的族人的领头羊是武承嗣、武三思。武承嗣是武后的异母次兄武元爽的长子，武三思是异母长兄武元庆的三子，两人的父亲都因武后之手而下场悲惨，他们本人也是在度过漫长艰辛的青年时代之后才重见天日。其中，承嗣因年长深得武后信赖，为政权的建立做出卓越贡献，可以称得上是创业功臣之一。

武后在族人的支持下开始暴露出野心，不料这时身边却出现了反对者，即重臣之一的裴炎。他先前曾助武后废除中宗，这时却突然转过头发起反武后行动，这是由于他内心对自己在李氏向武氏的政权转移上起了决定性帮助作用而感到羞愧。

武承嗣等预料到武氏政权必将建立，作为构想实施的第一步，他们决定从新王朝建立时首要的七座"祖庙"入手，即设立七庙。根据礼制，天子先祖的灵庙必须是七座，但对于区区山西农户起家的武家而言，不可能清楚地将血统前溯至七代，他们充其量也就能知道三代以前的曾祖父。但是武承嗣反而将计就计，强行断定自家的武姓起源于上古夏殷周三代中周王朝的创始人武王，因而始祖是武王的父亲文王，决意将之排入七庙。他的目的在于为即将到来的新王朝设定方向。

只有裴炎一人极力反对此事："太后陛下是天下之母，其位至公，因此不宜特别对待武家先祖。过去汉高祖的吕后在高祖驾崩后随意封族人为王而最终垮台，您不会忘了这个先例吧。"

武后回答说："吕后的封赏以在世族人为对象，而朕以追尊死者为目的，怎可相提并论！"

"无论如何，此兆一旦萌芽必须尽早掐断，否则将遗祸无穷。"裴炎无视武后旨意，决心抗争到底。

裴炎出身于河东闻喜裴氏这一山东系贵族门第，不过他是以明经科这一科举考试的方式进入政界，最终升到宰相之位。他可以说代表着这一时期登场的新型官僚。而他之所以态度如此强硬，正是出于由此产生的自负心以及对自己目前的主张绝非孤立的确信。

不久，李敬业发动叛乱。裴炎趁机提出："皇帝已经成人，品行出色，却仍然不许亲政，这给了乱党绝好的口实。若陛下还政于皇帝，他们失去起兵的名分，自然不击自溃。"

然而，这番话给了一直以来讨厌裴炎的武后派以可乘之机。他们四处散布谣言，宣称裴炎欲独揽大权，野心勃勃，且背地里勾结叛乱者。事实上，外甥薛仲璋加入叛乱阵营确实令裴炎立场窘迫，但即使如此，依然有众多官僚支持他，两派围绕裴炎之事一度展开激烈论战。

最终，在武后的裁决下，裴炎被安上企图倾覆国家的谋反罪名，为以儆效尤，武后特命在人来人往的洛阳街道的正中央行刑。在这之前，也有人劝裴炎"何不卑辞以求保命"，但他说，"宰相既被下狱，苟且偷生过于难看，我已做好准备"，没有接受劝告。

之后，裴炎的侄子、年仅17岁的裴伷先请求面见武后，武后接见了他。

"你的伯父谋反，你还有什么话好说？"

"臣想为陛下筹谋一二。陛下本为唐李氏之妇，先帝高宗在位时独揽朝政，其间接二连三地替换继嗣，排挤李氏宗亲，提拔武氏一族。臣的伯父为矫正此等乱象而获罪，连子孙也全部惨遭杀害。正因陛下如此行事，臣才从心底为陛下担心。现今为时未晚，请陛下务必还政于皇帝，恢复李唐，就此隐退，如此武氏一族方能保全。否则臣实在为陛下一族的将来而担忧。"

当下群臣满座，裴伷先却满不在乎地说武后和其族人的坏话。武后当然怒火中烧，立刻命人将他拉出宫去。这时他还一直叫嚷："请陛下务必三思！"裴伷先受到百杖之刑，之后被流放到近越南国境的瀼洲（广西）。在裴氏家族中，像这样性情刚直的人大概有很多吧。

总之，朝廷内部针对意欲站上权力前台的武氏的斗争就这样结束了。事实上，刀锋正面指向本应只是内廷之主的武后的行动，这是第一次也是最后一次。恰巧此时外部发生李敬业叛乱，裴炎是否暗地参与其中暂且不论，可以确定的是，裴炎在朝内反对武后专权的行动与外部的李敬业目标一致。

第十四章
李敬业的叛乱

时值七月的某天，自武后将儿子中宗赶下台正好过了五个月。此处是繁华的扬州，是当时商贸流通最为发达的城市。在远离车水马龙的主干道的角落，几个被免官或处于贬谪途中的人秘密碰头，共同商讨行动方案。

说到与会者的身份，首先是李勣的孙子李敬业。李勣前已述及，是高宗朝的宰相，曾助武后登上后位。李敬业从眉州（四川）刺史被贬为南边的柳州（广西）司马，途中自四川下扬子江，潜入此地。被从鄠屋（长安以西）县令免职的弟弟敬猷也在他旁边。在座的还有从中央的给事中被贬为括仓（浙江）县令的唐之奇、从长安县主簿被贬为临海（浙江）县丞的骆宾王、从詹事司直被贬为黟县（安徽）县令的杜求仁以及先从御史黜落至鄠屋县尉、又进一步被免职的魏思温。

聚在这儿的人，除李敬业之外均为中等以下品阶的官员，无一人身居枢要。从年龄来看，骆宾王四十四五岁，李敬业比他年轻，看起来三十五岁左右。其他人也都是三十多岁。

李敬业面向在座诸人，压低声音说道："正如诸君所知，中宗陛下被武后及其族人赶下皇位，如今以庐陵王的身份遭受幽禁。我们聚在一起，为的是复辟庐陵王，除去专横的武氏一族，恢复李唐正统。在此，让我们团结一心，开始正义的战斗吧！"

待他说完，魏思温探出身，开始就起兵步骤、兵力情况以及每个人的职责进行说明。魏思温正是这次行动的实际负责人，他受李敬业之命，事先疏通起兵关节，安排众人在扬州集结，并在起兵后担任军师之职。

魏思温等选择扬州自有考量。他们描绘的战略是：首先将反武氏的星星之火点燃在对方的要冲之地，令武后方面不得不动真格，从而形成武氏与反武氏两方对抗的局面。这样一来，己方就成为反武氏先锋的正义之师，一呼百应、打倒武后便指日可待。

既然如此，就不能在举兵后立刻被击溃。在与武氏的军队冲突前，必须有充裕的时间壮大声势及募集兵员，因此起兵地必须远离中央。但又不能距离太远，太远就会被当作一次单纯的地方起义收拾掉。在这一点上，扬州占据了恰当的地利。

扬州的好处不止于此。隋炀帝从北边引运河至此，又穿过扬子江将运河沟通至南方的杭州，这一干线史无前例地贯通南北，使得扬州成为南方的物资集散中心，确保了繁荣的基础。扬州的辐射范围不仅限于扬子江下游一带，还包含扬子江中游至上游的四川盆地。船只从南方通过运河、自西部沿扬子江顺流而下，将运送的租税和物资暂且卸在这里，再用运河船重新装载后向北运输。大运河是沟通南北的大动脉，唐代长安和洛阳发展为巨大的消费城市之后，大运河支撑两地的作用越发增强。

他们将目光锁定在扬州，掌控这里便能轻易获得大量物资和资金，同时方便募集兵员。另外，如果经由扬州的物资动弹不了，仰赖于此的洛阳和长安的消费者立刻就会犯难，由此引起人心动摇，或许可以一下子煽动起反武氏的势头。这些当然也在计算之中。

说起来，他们为什么要策划这种倾覆国家的大事呢？事实上，这一点并不清楚。可以试着分析一下。此事的主谋基本都是县官一级的中下层官僚，尚无影响国家政局的力量，也未直接处于武后政治的矛盾和派系斗争的漩涡之中。而且，他们也并未受过什么需以命殉唐的厚重皇恩。如果说有谁必须感念唐的恩义，实际上应该是更高阶层的人。

叛军集团的领导者是李敬业，这是一开始就定好的。因为他原本就是召集者，再加上他出身优越，是李勣之孙，且曾居于刺史这一高位。父亲李震英年早逝，他自小由祖父李勣代为养育。因此，他继承李勣衣钵的志向比其他人更为强烈。不过，如前所述，李勣对这个孙子结交无赖、素行不谨的情况十分担心。

从以下故事可以窥知李敬业的某种性格。

那是他被任命为某州长官（可能是眉州刺史）时的事情。该州境内有少数民族居住区，恰逢少数民族叛乱，他只带了两个部下便徒手冲进叛乱者所据堡垒，劝告他们说："我知道你们是因为贪官横征暴敛而不得已至此。由于你们没有做其他恶事，请迅速解除武装回归日常工作，若有迟疑便作贼众论处。"

于是，他仅当众对首谋之人处以鞭刑后就释放了他们，叛乱被圆满平定。对于他出色的处理方式和大胆程度，祖父李勣在佩服的同时感叹道："破吾家者定是此子。"

李敬业出身于唐朝的所谓名门，但祖父死后，他所受的待遇绝称不上优待。至少他本人对留在眉州这个乡下地方十分不满。然而随着武氏一族势力扩大，他不仅没能从眉州跳出去，还进一步被左迁到柳州这一边鄙之地。这是因为他具备参与反武氏行动的可能性。

沦落至此，他偷偷与弟弟敬猷取得联络，召集因同样境遇心怀不满且值得信赖的人，约定在扬州汇合。这就是先前看到的那些人。应李敬业之邀聚在一起的他们，心中各藏着各的烦恼，意欲趁此机会一举起兵。

在地方举事首先应当做的是掌握当地的行政军事组织，为此必须除掉当地的负责人，夺取其权限。但众所周知，扬州处于要冲之地，不同于一般地区仅设负责民政的州机构，此处置有兼掌民政和军事两方面的大都督府。其长官称大都督，不过，由于大都督权限巨大，除去常因紧急情况出动军队的边境地区，席位一般空悬，由副长官长史代行民政方面的职权。扬州也同样，这时的长史是一位叫陈敬之的人。

除掉这位陈敬之、掌握扬州的统治机构，是起兵的首要步骤。这时有一个人按照之前的安排加入战局。此人是魏思温的同行监察御史薛仲璋。他是上文提到的裴炎的外甥。他听从魏思温的指示，找了个理由出差到扬州。因为是监察御史，调查官吏恶迹素行的名目要多少有多少。伺他到扬州之时，同伙韦超到薛仲璋处告状："扬州长史陈敬之企图谋反。"

就因为这一句话，陈敬之被轻而易举地逮捕了。这是充分利用了监察御史的权限。

几天后，李敬业以扬州司马之名潜入扬州官衙。司马是长史的佐官，一般新官赴任需在就职时提交证明文书和鱼符等符契，但现在负责人长史被捕不在衙内。并且，李敬业告诉人们，他有特命在身："高州少数民族首领冯子猷发动叛乱，现有密诏，命募兵讨伐。"

所谓高州，即靠近广东省雷州半岛根部的茂名市一带，位于距扬州十分遥远的南方。据传，冯氏一族原本是汉人，承自五胡十六国之一的北燕血统。北燕被北魏打败后，部分冯氏王族乘船逃到广州附近。他们之后奉仕于南朝，并通过婚姻与土著大族越南系的冼氏结盟，以之为后盾在当地扎根。

冯子猷是冯氏后裔，为人侠肝义胆，与唐保持一定距离的同时亦担任着唐的官职。

突然到来的男人下令讨伐这位冯子猷，人们十分吃惊，但又无法求证。长史不在，司马就是地位最高的人，其命令必须执行。且据说命令是以密诏的形式发给李敬业的，这样的话通过一般途径很难验证其身份证明的真伪。茫然无措之间，扬州大都督府已经完全掌握在李敬业手中。这是熟知地方机构之表里的人所制定的大胆而巧妙的策略。

李敬业等人立刻掌控仓库，释放犯人，召集在衙门服役的匠人和被征发的农民，给予他们武器并将之改编为亲兵。这些人正是受起兵影响最大的群体。而被押入牢狱的长史陈敬之，在不知所以的情况下就被杀掉了。

叛乱的火苗就这样燃烧起来。时值当年九月。李敬业等立刻以"复辟庐陵王，推翻武氏专权"的名义号召附近地区，同时实行魏思温等制定的新体制。即机构整体由匡复府、英公府、扬州大都督府三府组成，李敬业自号匡复府大将军，任扬州大都督。

为什么要开三个幕府呢？这之中实际发挥效力的不言而喻只有扬州大都督府而已。但仅据扬州大都督府的话，难免不被视为一次地方叛乱，因而他们以"匡复"的名义来表示恢复唐室的大义。再则，"英公"是李勣的爵位，打出这个名号，意在重新凝聚感念唐恩之人的人心。总之，他们意在以这两个府名向世人宣告，这次举兵并非李敬业等的个人行为。

上述体制组建完成之后，李敬业向周边发出讨伐檄文。这篇檄文正是出自以"初唐四杰"闻名的文学家骆宾王之手。这是一篇非常著名的文章，让人们的心不得不为之感动。被责难的当事人武后看到这篇文章也很钦佩，斥责下属说："如此大才，令其落魄不遇，是尔等宰相的责任。"

檄文大致是这么说的：

"如今把持朝政的武氏，性情卑劣，出身寒微。昔日入太宗后宫奉仕左右，晚年又与皇太子发生不当关系，谋划在新朝也班列后宫。目的达成之后，她又用美貌巩固地位，巧妙地抓住帝心，最终将皇后拉下后位，陷我陛下于乱伦之极。

并且，她亲近小人，残害忠良，杀姐屠兄，弑帝鸩母。此为人神所共愤，天地所不容。不止如此，她还企图夺取国家权力，将皇帝疼爱的儿子幽禁于别宫，委托祸国贼族以要职重任。

骆宾王画像

李敬业是大唐旧臣，且为公侯血脉，奉先帝太宗大业，受本朝高宗旧恩。因此，愤于当世乱象，以安定社稷（国家）为己任，背负天下万民的希望与期待，在此高举义旗，决心打倒那些邪恶之徒。以这样的决心对敌，无论什么样的敌人、什么样的城池，都不可能不胜利！"

骆宾王的檄文，如此列举武后的恶行，说明李敬业起兵的必然性，并发出号召："受唐室恩眷、信任、顾托的大人们啊，不要忘记忠义之心，一起兴兵勤王吧！"檄文最后以如下名句结尾：

> 一抔之土未干，六尺之孤安在？
> 请看今日之域中，竟是谁家之天下！①

埋葬高宗的墓土（一抔之土）还没有干，也就是说，在距高宗之死尚无多少时日的现在，继承他的儿子（六尺之孤）在哪里呢？仔细看一看吧，如今大唐天下到底在谁的手中？

顺利起事后，陆续有人从附近赶来加入起义队伍，十天左右的时间，兵力已超过十万。为了凝聚民心，李敬业选出一位酷似李贤的人安置在军中，煽动大家说："李贤殿下并没有死。如今寄身在城中，命令我等举兵。"以前的皇太子李贤

①《资治通鉴》卷二〇三，则天皇后光宅元年九月条，第6424页。

已经在幽禁之所巴州（四川）被偷偷地杀掉了，但是武后方面却不能将此事公之于众。李敬业抓住这一弱点，将计就计。

举事成功，声势也确实不断壮大，那么接下来应当何去何从？他们直接面临这一新问题。其中，军师魏思温主张："兵贵神速。您既然标榜恢复唐朝，就应该堂堂正正地前进，直取都城洛阳。那样人们就知道您不为私欲，一心勤王，定会迅速从四方赶来。尤其是沿途的山东豪杰们，自备军粮，以锄头为武器，望眼欲穿地等待着我等北上。集结以上力量，在敌人尚未做好充分准备的情况下进攻都城才是上策。"

与此相对，薛仲璋说："不不，我们还没有坚固的据点。要抗击敌人强有力的进攻，只有首先巩固霸业的基础才有可能成功。所幸金陵留有王气，扬子江这道天险能阻挡敌人进攻的步伐。宜渡江据有江南，然后北上，方为良策。"

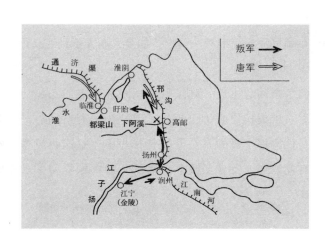

李敬业叛乱相关地图

金陵指现在的南京，是过去南朝首都建康所在地。因隋攻灭南朝最后的政权陈时将之彻底破坏，这时已沦为萧条的乡镇。据此掌控江南，巩固基础，然后再进攻北方。这个计划乍看起来似乎很有道理，但在当下敌方大军不断迫近、形势刻不容缓的情况下，只能说是回避现实的逃跑主义。

然而李敬业采纳了这个策略，分出一半兵力攻打南边的润州（镇江）。魏思温叹道："分散兵力绝不可行，应将军队聚成一股越过淮水（淮河），与山东之众合流进攻洛阳，李公却不行此道，我军之败可预见矣！"

李敬业等人的做法建立在预计唐军不会立刻出兵的前提下，孰料没几天就传来消息，左玉钤卫大将军李孝逸领扬州道大总管，率兵三十万已经开始沿运河南下。这与他们描绘的作战方案一致，但来的速度比预想中快多了。

李敬业迅速召集分散的兵力阻挡敌军，他将大本营安在高邮县的下阿溪这一沿河之处，派遣弟弟敬猷镇守淮阴县、韦超和尉迟昭镇守盱眙县的都梁山，各自配置了兵力，作为先锋。两地都处于运河与淮水交叉的要地，战略意图在于以淮水一线阻挡敌军南下。

唐军和预期一样一直打到都梁山对岸的临淮（泗州）。但是，大将李孝逸从一开始就未积极攻打这些叛军。他是李唐皇室成员，父亲是唐创业时功劳赫赫的淮安王李神通，他和高祖李渊是堂兄弟，因此孝逸和太宗也是堂兄弟，在这一时期处于凝聚唐宗室人心的长老地位。

武后明知道这一点却故意起用他。打着恢复唐朝、打倒武氏旗号的李敬业，撞上作为唐室长老素有人望的李孝逸，这是扰乱叛军策略的巧妙手段。但另一方面，这种做法也伴随着危险，不知征讨到底能否顺利进行，矛头会指向何方。事实上，李孝逸在都梁山与敌军对战一见形势不利就延缓大军前进的步伐，意图避免全面冲突。

武后当然在他身边安排了可以信赖的监视者。其中一位殿中侍御史魏元忠对李孝逸说："国家安危系在我军的行动上，天下都在注视着我们。在这儿磨磨蹭蹭的话，令天下人失望自不必说，将军自己也难免罪责。"

宛如催促他一般，以黑齿常之为江南道大总管的第二队大军也从洛阳出发，李孝逸只能命令全军前进。他就此下定决心，全军首先攻下据守都梁山的韦超，接着击溃淮阴的李敬猷，之后南下。

就这样，十一月中旬，李敬业的主力部队与唐军隔下阿溪对峙。唐军迅速以小舟奇袭，但被守株待兔的叛军击溃。这时，李敬业军将一位叫成三朗的俘虏扮成李孝逸，在士兵们面前处死，以鼓舞士气。成三朗大声叫道："我不是李将军。你们的失败迫在眼前。我若死了妻子儿女会受到褒奖，你们可就不一样了。"说完被砍下了首级。

这时候，李孝逸又开始踌躇不定，但魏元忠制止了他的犹豫，提议火攻之策。此时恰值冬季，两岸河原上枯干的苇草在风中摇摆，该计策正是在上风口点火以攻击对方。这一奇招十分奏效，毫无防备的李敬业军果然被火逼得队伍大乱，被杀者七千，溺死者无数，转眼间兵败如山倒，就此覆灭。

李敬业好不容易从中脱身，逃归扬州，计划带着妻儿乘船逃走。但追兵也迅速逼近。李敬业的目的地是朝鲜地区，打算在彼地与被唐打败的高句丽遗民联手，以图东山再起，不料船行至扬子江稍下之地，风突然停止，他就此被追兵捕获。

李敬业之乱就这样宣告结束。从在扬州偷偷准备开始大约过了四个月，从起兵来算仅仅是两个月的事情。他立刻被处死，首级被运送到都城的武后面前。武后又剥夺了他的李姓，令之恢复原来的徐姓，同时掘其祖坟，连陪葬太宗昭陵的李勣墓都命人破坏了。不仅如此，武后还命令缉拿所有与他有血缘关系的人并统统处死，连幼儿也未能幸免。因李勣之故对大唐卓有贡献的一大家族就此覆灭。对抗自己的人会有何下场，武后决定彻底暴露出自己的恨意，她要让这种畏惧的念头铭刻在人们心中。

另一方面，镇压了叛乱的李孝逸作用也到此为止。对于武家人而言，李唐宗室之人如果没有利用价值，便只是绊脚石。李孝逸回朝后受到各种诽谤中伤，并被左迁，一个人寂寞地死在流配之地儋州（海南）。讽刺的是，荡平反武氏行动、构筑迈向武氏政权的道路成了他所能做的最后工作。

此事尚有后话。

逾百年后的贞元十七年（801），吐蕃攻入麟州（陕西），将当地百姓绑架至盐州（宁夏）一带。这时一个叫徐舍人的武将站出来，对其中一位僧人延素说："法师，不要害怕。我本是汉人，是英公李勣的五代孙。武后夺取唐室之际，我先祖举义旗未果，子孙为逃避追究隐居绝域，现已有三代。纵然担任此等要职，被委以兵权，我内心也没有忘记故国，只是系累已多，无法彻底舍弃牵挂回归故乡。"

他满面痛惜地感慨道，然后将大家的绳子全部解开放走了他们。

还有另一个脍炙人口的故事。

天宝（742—756）初年，一位年逾九十的老僧住括，与弟子一起拜访南岳衡山的衡山寺（湖南），在那里住了下来。过了一个月左右，他在寺内诸僧面前忏悔过去所犯的杀人之罪："你们听过徐敬业这个名字吗？正是贫僧。当年造反失败后隐居大孤山，不问世事全心修行，现知死期将近，为告诉世人贫僧已觉悟所修第四果而来到这里。"

不久后他果然去世，被埋葬在衡山寺。

另外，还有著名诗人宋之问在江南杭州名刹灵隐寺落脚时的故事。某夜因月色极为明亮，他一边在长廊下来回走动，一边打算为寺内美景赋诗，但想出的诗句怎么都不称意。这时，一位老僧问他："您在这样的深夜苦吟什么呢？"之问说明原委，老僧让他将诗文给自己看看，吟咏两三次之后，修改了一些语句并询问他的意见。令人震惊的是，因为其赠句全诗都大放异彩。

天亮之后，宋之问访求那位僧侣，但其人已了无踪迹。有一个万事通的寺僧对他说："那位是骆宾王。"

宋之问大为震惊，寺僧又接着对他说："前些年的叛乱之后，实际上李敬业和骆宾王巧妙地摆脱追捕逃走了。朝廷将帅们害怕因主谋逃走而受到责罚，从死者中找出与他们十分相像的人，将首级送至都城从而逃过一劫。因此，即使之后知道他们还活着也没有追捕。"

无论什么时代，都有人对在巨大的权力面前消散的主人公们，表现出某种共情和怜悯，相信，不，想要相信他们仍然在别的世界以另一种姿态继续生活着。上述李敬业和骆宾王的故事大概也是如此吧。同时，其中可能也包含着对容许武后上台之事的悔恨，以及对发起最后战斗的李敬业等亡灵的慰藉之情。

第十五章

酷吏和告密的恐怖政治

这是中宗被迫退位后不久发生的事情。

在洛阳城某条小巷的角落里，有一家小酒馆，一群男人正坐在凳子上饮酒。人数有十人左右，个个身材高大，脸上蓄满胡须，看上去就有一种迫人的粗野。

这些人是名为"飞骑"的士兵，一般在宫城北门玄武门值勤，负责保卫宫城及其北侧一带，并在皇帝出行时承担警卫和仪仗工作。他们虽说是士兵，但与所谓的府兵士兵（南衙禁军）不同，受过特别的选拔训练，被总称为北衙禁军。

今天大概不值班，他们看起来已经喝了很多酒，气氛十分热烈，大家都开始得意忘形起来。或许因为朋友之间无需顾虑，这时一个酩酊大醉的人口齿不清地说："真是岂有此理！逼皇帝退位的时候咱们是出了力的，竟然连恩赏都没有！早知如此，下次还不如拥戴被赶下台的庐陵王！"

同座之人借着酒劲都发出"就是，就是"的赞同之声。

　　谁也没有注意到，宴席气氛如此热烈的时候，其中一人突然离开了座位，像是要去小便。可是这人并没有去茅房，而是一出门就立刻奔跑起来。大约半小时后，他回来了，身后有许多官差的影子。酒宴这时仍在继续。

　　大醉的众人尚不知究竟发生何事，便被闯进来的官差五花大绑。等好不容易弄明白原来是"被一起喝酒的同伴揭发"时已是酒醒之后，一切都晚了。判决结果是提起庐陵王名字的人以谋逆大罪处以斩刑，在场其他人以知谋反而不告罪处以绞首刑，总之，全员死刑。而那个溜出酒席、出卖同伴的人则被破格授予五品官职。

　　飞骑不过区区下层士兵，这件事乍看起来毫不起眼，实际上却有着重大意义。因为它成为不久之后开始的武后告密政治的滥觞。这时的告密者可能是与武后派同气连枝的人物，武后从这一事例中开始摸索如何将告密作为一种统治手段固定下来。

　　且言"密告"也好，"告密"也罢，说起来几无区别。只是在这一时期，白天堂堂正正的"密告"①肩负着规范现实政治的重大作用。或许因为这种原因，史书中均使用"告密"一词，本书也遵从这一说法。

　　此事过后两年的垂拱二年（686），武后令人制作了"铜匦"这一铜制的箱子，将它放在洛阳皇城东西朝堂之前、宫

———————————
　　① 此处从日语"密告（みっこく）"的"检举"之意。

城正门应天门（之后的则天门）以南的应天门街上，普通百姓也可以进到这里。铜匦即所谓的"目安箱"①。这一做法宣称是为了听取百姓意见以改进政务，不过那说白了是表面文章，真正的目的在于公然接受告密。

铜匦具体的大小和形态并不十分清楚，设置之初由表示东西南北的四个箱子组成，四个箱子堆在一起置于街道上，各个箱子前面都装了门。但这么大的物件放在大路上有碍交通，于是铜匦被改造成一个大匣子，并撤去周边四门。匣子内部分为四格，之上各自开了投递文书的入口，且费心做成文书一旦投入便不能从该口取出的样式。

四个投函口之中，东侧被称作延恩匦。自荐才华、期盼升进的人将自己的诗文作品投入此口。南侧称招谏匦，汇集对朝政的意见。西侧叫伸冤匦，蒙冤入狱的人可借此申诉。北侧为通玄匦，投入有关天灾地变、国家机密的信函。自东侧起在各面涂上青、赤、白、黑等表明方向的颜色，以示作用相异。

关于铜匦的管理，新设了匦使院这一机构，配备有负责人知匦使、辅佐官知匦判官等职位。不过，这些职务都由谏议大夫、补阙、拾遗等有正式官位者兼任，并未为之设置专官。

① 日本享保六年（1721）第八代将军德川吉宗为体察民意而设置的投诉箱，之后历代将军相沿设置。

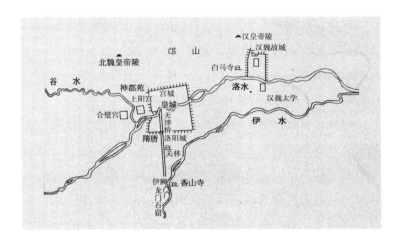

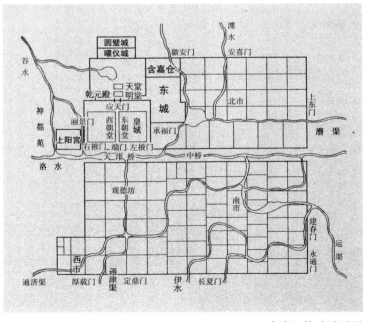

唐洛阳城及附近图

这些官员的职务通常是监视铜匦，若有投函便将文书向上报送，同时接待投函者，安排他们等候，直至指令下达。按规定铜匦每天早上辰时（八点）搬出，午后未时（十四点）一过即收回，投函者必须在这之间投递。

铜匦之制就这样实施开来，这当然是在参考以往先例的基础上设置的。提出这一计划的是一个叫鱼保宗的人。他在李敬业发动叛乱时，背地里与之串通，参与武器制作，叛乱结束后又若无其事地向武后提议铜匦计划，意欲混入武后阵营。然而之后有人在他制作的铜匦中投入一封告密信，揭露了他的过去。最早因为铜匦而牺牲的恰是制作者本人，这实在是讽刺。

在筹划铜匦制前后，武后为将这一政策落到实处，通告全国：

"对待告密者，官吏不得过问其内容，且要提供途中所需驿马和食物，方便其上京。即使身份低贱如农户樵人也能如愿晋见，在客馆受到接待。所言称旨即得重用，即使告密不实也不会遭受惩罚。"

她推测应此召而动者应当是现有政治势力之外的人，尤其一无所有的底层人士，应该会抓住这一机会冒头。他们是社会上的局外人，没有可以失去的地位和名誉。她现在正朝着权力宝座迈进，若利用得当，这些人必定会成为她的先锋队。为击溃站在她面前岿然不动的拦路者，这类先锋队的存在不可或缺。

武后的期待没有落空，一时间告密者从各地蜂拥而起。他们大多是没有正经工作、无法糊口的流氓。

"这不是大好事吗！无论怎么着都没有害处。"

他们在地方官衙完成准备告密的手续之后，争先恐后地自报姓名，让人准备专用的马匹，一路饮酒高歌，乱作一团地冲进洛阳。这些家伙到底是什么人？百姓们胆战心惊，屏息以观。

就这样，借助铜匦告密，迄今为止从未见过的奇怪家伙们开始在武后身边进进出出，耀武扬威。由于他们也是权力体系中的一员，故而被称作"酷吏"。武后政治的前半期便是这群人整日猖獗。

当时，以酷吏之名载于史籍者近三十人，且各自手下都有数十、数百的无赖之徒，在社会的角角落落布下情报网，准备告密的材料。

索元礼作为酷吏的领头羊率先登场。他是胡人。从敦煌和吐鲁番发现的唐代户籍中可以见到索姓之人，由此可知其先祖为中亚粟特系，大概是以商人之类的身份定居中国。他被拔擢为游击将军（从五品），被授予调动制狱的特权，制狱即直属武后的特别监狱。

索元礼的做法是为罗织一个人的罪状，将可能相关的周边之人全部卷进来，彻底地深入调查，牵连数十乃至上百人。即使是无实之事，追究到这种程度的话，与罪状相关的言辞和间接证据也要多少有多少。最甚的情况还有被怀疑者本人怕累及无辜而按照调查方所说认罪。因为这种手段被杀的人达数千之众，特别是有身份的人们，害怕他甚于虎狼。

看到索元礼如此行事而立功，周兴、来俊臣、丘神勣等人争先恐后，竞相效仿。其中尤其是来俊臣，作为之后酷吏的领头羊，与索元礼并称为"来索"。

他出身长安，父亲来操是赌徒。来操有一位朋友叫蔡本，他在与蔡本交往的过程中与其妻子私通。某次二人赌博，蔡本惨输，无钱还账，不得已将妻子作为抵押送给来操。妻子让给来操之时，已经怀有身孕，生下来的就是来俊臣。在父亲是谁都不清楚的赌徒环境下长大的他，是个没有正经营生的流氓，因此被大家所厌恶。

之后，他流落到和州（安徽），因偷盗入狱时，得知告密的政策，从狱中申请告密。最初被刺史（州长官）阻拦，但第二次获得成功，被武后褒赞为忠义之士，开始在朝中活动。他从侍御史到御史中丞，身居监视、弹劾官吏行为的御史台中心，比索元礼活动时间更长，可谓权势滔天。

据说他也有多达数百人的爪牙，想要陷害某个人物时就让手下的家伙们一齐告状。

"请务必将这个案件交给来俊臣试试。一定能真相大白。"

武后听到这样的声音，越发信赖他，特地在皇城西门丽景门内侧为他设置推事院这一机构。取为接受调查者新开之门的意思，一般也被称为"新开门"，而实际上，进入此门者能活着出来的百无一人。因此在酷吏们之间，也有人扯上与丽景同音之词，笑称之为"例竟门"（例竟之门）。

这些酷吏的调查伴随着严刑拷打，得不到想要的供词就绝不罢手。在这个过程中，酷吏们互相竞争如何更高效地得到数量更多的供状，在审问方法上下了各种工夫。来俊臣将这些总结为《告密罗织经》一篇，内容有数千言，详细入微、条分缕析地记述了如何将无实之罪一网打尽、如何通过拷问引出犯人供状，成为酷吏的参考书。

在此简要地介绍一下他们的拷问方法。

来俊臣经常使用的方法有：将身体倒过来从鼻子里灌醋；放在大甑中从下面点火炙烤；完全不给食物；放在粪尿污秽之地；以及将头嵌入铁轮固定，从缝隙打进楔子直到脑髓飞出等等。

索元礼精心研究使用大的首枷惩罚犯人的方法，将之总结为以下十种形制：定百脉、喘不得、突地吼、著即承、失魂胆、实同反、反是实、死猪愁、求即死、求破家。这些拷问工具各自是什么样子并不清楚，但从字面上可以想象被戴上沉重首枷的嫌疑人因痛苦而扭曲的表情。据说仅让接受调查的人看到这些刑具就会吓得发抖，主动按照指控供认不讳。

此外，还有以下方法：

"凤凰晒翅"（凤凰晒干翅膀）——绑住手足吊在天井的椽上，令其身体咕噜咕噜地旋转。

"驴驹拔橛（橛）"（驴马搬运行李）——着枷并在背后

绑上行李，拉着枷令其前进。

"仙人献果"（仙人进献水果）——令人两手支撑住首枷，并在上面堆叠瓦片。

"玉女登梯"（天女登梯子）——令人着枷站在高大的树木跟前，从枷的后面拉着向上爬。

"狱持"——除上述来俊臣所用手段之外，狱中各种刑罚的总称，如用竹签扎进指缝，在耳朵里塞入泥土并罩上笼子，吊着头发、用烟熏鼻子和眼睛等。

"宿囚"——连日不给食物，昼夜不停审问，即使睡着也不停摇晃身体不许人休息。

他们研究出的酷刑不止如此，暂且举出这些吧。在看上去十分发达的时代，如此公然、大胆地严刑拷打，在中国历史上恐怕别无他例。负责这些事的是从社会底层被提拔上来的一群酷吏，其背后是武后的默许。他们通过告密和酷刑双重手段不断排除武后的敌人，作为为武氏权力扫平路障的角色，真是没让武后失望。

酷吏的存在说到底就是赤裸裸的暴力统治。但很明显，新政权仅通过这一途径并不能实现。她是武氏，不是李氏；是女性，不是男性。如何克服这些不利条件，提出让世人能够接受的理论和论据？她在使用酷吏排除反对派的同时，也迈入为这些问题做准备的阶段。

在这一点上，体会到她的想法、作为她的左膀右臂而行动的人也出自原有官僚集团之外。

第十六章
怪僧薛怀义

在更名神都、升为首都后立时越发热闹的洛阳，一个肩上扛着行李的年轻人正走在大街上。他衣着破旧，脸上脏兮兮得满是沙尘，但步伐轻快而坚定。从体格上看，他全身肌肉紧绷，身量高大，略显严肃的神情和寻找猎物一般的锐利眼神更增添了魅力。他的年纪约莫在25岁。

这个男人名叫冯小宝，出身于长安附近的鄠县，为开创新事业，赤手空拳地来到洛阳。他肩上背的行李中，塞满了药草和矿物之类。是的，此人以买卖药物为生。无人知晓他如何掌握了制造及调合药物的技术，但他的药十分奏效，不知不觉已声名在外。

并且，他还有另一个强有力的武器。

——阳道壮伟。

阳道是指男人的那个东西。如字面所示，他的那个格外巨大而雄壮。他以此为傲，和药物一起推销。药物，当然就是精力增强剂、回春剂之类。

冯小宝这天要去的地方是位于观德坊的千金公主宅邸。观德坊地处皇城正南，隔洛水与皇城相对。前不久，他与一位女客人私通。此女是服侍千金公主的侍婢。公主从她口中听闻冯小宝的事情后，吩咐想要尽快一见。

千金公主是高祖李渊的第十八女，年龄与武后相同或小一两岁。当时拥有李唐皇室血脉的人都被武氏盯上，每日胆战心惊地活着，不知何时会被杀掉。只有她一个人不同。她一早就花言巧语地讨好武后，深得其欢心，在之后的武周革命中，甚至舍弃李姓，受赐武姓，成为武氏的一员。公主表现出对冯小宝的兴趣，用处不言自明。她无疑是想让自己这年近花甲的身体恢复青春。

就这样，冯小宝开始频繁出入千金公主的宅邸。之后，公主日渐精神，皮肤也像变了个人一样年轻饱满。人们偷偷地议论，冯小宝调合的药物，以及被年轻、健壮的肉体拥抱，是效用的源泉所在。

事实上，冯小宝早就盯上出入千金公主宅邸的机会。因为她是深得武后信任的人之一。他自信通过药物和肉体能讨到任何女人的欢心。他胸中暗藏着野心，希望将来用这方面的能力和才智巴结当时的掌权人武后，从而大展拳脚。因此，他首先驯服那位侍女，达到接近公主的目的。

他一有机会就向千金公主诉说想要见一次武后陛下的愿望。听着听着，公主也觉得将这个年轻人引荐给武后说不定很有趣。于是，某天她入宫觐见时便在武后面前提起冯小宝。

"最近我那儿有一位年轻的药商出入。此人调合的药物十分有效，我精神起来也是因为这个原因。陛下要不要见一见？"

武后一听非常有兴趣。她这段时间也开始担心容颜衰老，再加上忙于政务，着实感到缺乏心灵的放松。试试与这种人交往可能也会很有意思，她想。

武后立刻指示千金公主安排他偷偷入宫相见。第一眼看到他，武后的心就完全沦陷了。那粗野而麻利的举止、恰当的对答、雄壮的肉体以及容貌，每一点都令她心悦。迄今为止自己身边还没有过这种男人，能不能想办法将他留在身边呢？她不合身份地如此思量。

另一方面，冯小宝见到武后也被征服了。令人臣服的威严，凛然而富有穿透力的声音，偷偷抬起眼睛时看到的美貌，武后的姿态让人完全感觉不到她已是年逾花甲的老妇。哪里是传闻中冷酷无比又丑恶的女人啊！他陶醉在紧张而兴奋的情绪之中。

就这样，武后身边又有一个来历不明的男人开始出入。这次是作为武后的男宠。然而若明目张胆地来往，只会给宫中爱说长道短的人提供大好谈资，名声实在不佳。而且，她想将他堂堂正正、自由地放在自己身边。

于是她首先想到的便是让他出家。僧侣是奉仕佛祖、禁绝女色之身，即使单独进入武后寝宫也不会被指责。洛阳东郊有一座白马寺，因是佛教传入中国后兴建的第一座寺院而闻名遐迩。武后令人迅速修缮此寺，以冯小宝为住持，这样一来至少表面上谁也不能责难了。

与此同时，武后想方设法粉饰他的出身。武后的小女儿太平公主从容貌到性格都酷肖母亲，故能充分理解母亲的行为。她决定借丈夫薛绍的名义，让冯小宝排在公公兄弟之末，即跻身薛绍的叔父。早些时候还拼命向上爬的冯小宝，一夜之间抹去了种种过去，摇身变为名门薛氏的一员——僧人怀义，大摇大摆地接受武后的宠爱。

薛怀义原本没有出过家，也不具备僧人的素养。尽管如此，他仍在宫廷的奉佛之所内道场率领洛阳高僧们诵经礼佛等，姑且做个样子让武后安心。冯小宝聪明伶俐，这种程度的表演自然难不倒他。武后越发喜爱这个宛若孙子一般的年轻男人。

仗着武后的宠爱，飞黄腾达的薛怀义立刻举止专横起来。他骑着武后赐予的骏马出入宫中，前后有数十名宦官护卫。行人见此立刻远远避开，因为一旦靠近就会被鞭子抽倒在地，血洒街头。他尤其敌视道教的道士，一旦遇见便痛殴一顿，然后剃掉对方的头发。

连武家人也对跋扈的他匍匐叩拜、点头哈腰，每当他骑马，便主动卑躬屈膝地替他拉住笼头，弄得其他权贵们也纷纷效仿。薛怀义又将年轻的无赖们扮成僧人模样作为手下，任意妄为，行不法之事，然而谁都不敢抱怨。

这种时候，他被狠狠地教训了一顿。某天，他碰见外朝宰相苏良嗣，却依然表现得旁若无人，态度傲慢。真是个无礼的家伙！性情刚直的苏良嗣大怒，当即命手下将他拽倒，狠扇了几十个耳光。落荒而逃的怀义拔腿跑到武后身边哭诉。然而强势如武后也知道是怀义的不对，所以不仅没搭理，反而告诫他："你今后从北门出入。南衙是宰相往来之地，你勿要擅自踏足那儿便好。"

怀义开始受到武后宠爱之时，恰是外朝酷吏们动作如火如荼之际。他们意在通过告密和拷打消灭反对派，成为武氏政权的先锋军。怀义意识到自己在内宫同样可以发挥作用，他充分利用佛教美化武后，为她登上帝位寻求正当性。事实上，武后也看到，他可能拥有其他人所没有的卓越想象力和执行力，不再简单地将他视作男宠。

他参与的第一件大工程是建设明堂。

明堂本来是指上古周朝时期天子处理政务的宫殿。后世随着儒学的普及，周朝是政治最为理想的时代且其政治和祭祀中心为明堂的观念也固定下来。因此，在历代儒士之间，围绕明堂的形状和构造议论不绝。

他们都认为只有自己的解释才正确，一步也不肯退让。有一个著名的故事。隋文帝时宇文恺制作了精巧的明堂模型，文帝连地点都已安排妥当，随时可以开工。然而众人在细节方面意见相左，计划最终受挫。由于这一情况，入唐以后也

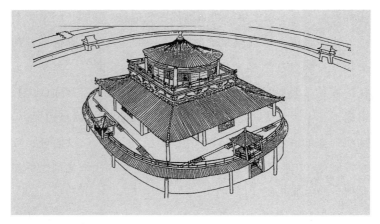

隋宇文恺的明堂模型推测图（据田中淡著《中国建筑史之研究》①）

没能有具体方案问世。

　　不过到武后时期，这一长期争论被强行解决。武后完全不听儒士们的意见，因为如果听的话，可以预见又是争执不休的局面。她转而让自己的智囊集团北门学士制定计划。他们是文学之士，不像儒士那样顽固地在细节上坚持己见，而且他们知晓武后此时为何急于修建明堂。武氏自称是周武王的后裔，不久之后或将建立的武氏王朝当然也以周自居，所以必须以明堂作为开国的象征。

　　关于明堂的建设地点，亦有部分儒士提出应该远离宫殿

　　①田中淡：《中国建筑史の研究》，东京：弘文堂，1991年；黄兰翔译《中国建筑史之研究》，台北：南天书局，2011年。

之类，但这些意见均遭到无视，武后决定拆除举行国家大典的宫城正殿乾元殿（含元殿），在其原址新筑明堂。而被任命为这一工事最高负责人的是薛怀义。

施工自垂拱四年（688）二月开始，当年十二月完成，算起来是不满一年的突击工程。据说所役使的劳力有数万人，拖曳一根巨木需上千人在工头的号令下一齐合着号子搬运。建成的明堂由三层组成，高294尺，是一座约90米高的巨大建筑，其结构由上下贯穿的十根巨木支撑。第一层是正方形，对应一年四季，中层是十二角形，对应十二地支。上层是圆形屋顶，象征一年的二十四节气。另外，屋顶置有九龙捧一盘的造像，地面周边环绕着以铁板制成的水渠，象征上古时期大学周围环绕的辟雍这一水泽。

武后将这座明堂命名为"万象神宫"，在中国寓意森罗万象、聚集全体神明的场所。这座建筑中倾注了她继承实行理想政治的周王朝、同时集诸神庇佑于一身的贪婪想法，因而自然不能听从儒士们的意见。

第一层是一个边长300尺（93米）的四方大厅，用于进行公开的政治活动和仪式。翌永昌元年（689）元旦，武后威仪堂堂地踏入此地，举行了庄重而盛大的仪式。文武百官及附近的耆宿、妇人们挨个叩首道贺，令她非常高兴。历朝历代都计划建设明堂，但是谁又实现了呢？何况还建造得这般宏伟。今后这里便是我实现新政的立足点，夺取最高权力的欲望在她心中越发火热。

看到武后高兴的样子，薛怀义大出风头，愈发得意洋洋。的确，短时间内完成如此浩大的工程很不一般，他向人们展露了自己在这方面的潜能。但他并未就此功成身退，还有一项工作更是以他为中心拟定，即天堂的营造。

薛怀义建成明堂后不久，又开始建造规模之巨比明堂有过之而无不及的天堂，以容纳巨型大佛。如果说明堂的构建源自中国传统思想，那么从佛教中构想出的天堂则将赋予武后执政的正当性，必须与明堂一起修建。薛怀义认真考虑天堂计划，并说服武后实施。天堂由五层组成，在三层左右就已经达到俯瞰明堂的高度。但是，由于这种高度，再加上为了达到可从外面瞻仰大佛的效果而将建筑南面留空，故而天堂无力抗风。正因为这一点，天堂一度在即将完成的时候被大风刮倒，虽然再度施工，最终却没能完成。

薛怀义为了武后还参与了另一项重要工作。即从佛教中发掘理论，赋予女子之身的武后登上权力宝座的正当性。

唐李氏因与老子李聃同姓等原因，将道教置于佛教之上，即在立国之初就采取"道先佛后"的宗教政策。改变这一宗教政策，能够令其与李氏不同的立场变得鲜明，同时将潜力巨大的佛教拉入己方阵营，武后早就意识到这一点，向来袒护佛教一方。当然，其母杨氏的家族是虔诚的佛教徒应该也对此有一定影响。

举一个事例。1987年4月，重修位于陕西省扶风县法门镇的古寺法门寺倒塌的寺塔时，从地下发现一批又一批的金银器等珍宝，数量巨大。据考察，这些宝物是唐朝末年的咸通十五年（874）正月，由当时的皇帝及其下大臣布施而被埋入地宫的，属于当时第一流的器物。举世震惊的是，这些珍宝保存完好，从未遭受盗掘，直到20世纪末重见天日。

　　不仅如此，与这些宝物一起，还发现了堪称埋葬品清单的石碑——"衣物帐"，这同样是非常珍贵的资料。石碑最开始的部分刻有"武后绣裙一腰（腰）"的字样，吸引了我们的目光。实际上，传说法门寺这一寺院是少量保存着真正的释迦本人的骨头"真身舍利"的寺院之一，特别是入唐之后，引得时人狂热信仰。佛舍利大约每三十年一度从寺塔地下室（地宫）中被取出，运送到首都，在皇帝及万民的面前展示。

法门寺"监送真身使衣物帐"碑的一部分，第三行可见"武后绣裙一腰"字样

敦煌所见《大云经疏》之一部，文中亦可见则天文字

这一仪式成为定例，延续至唐末。

上述"武后绣裙"便是出席仪式的武后将舍利比作佛祖，亲自刺绣制作并布施的裙装（衬衣、裙子）之类，大概是被寺院当作宝物而留存下来。武后两度在洛阳迎接法门寺舍利，一次是以高宗皇后的名义，另一次是以皇帝的身份。她热心供养，赐下金银制的舍利函以盛放舍利，努力将三十年一度的展览仪式固定下来。她对佛教的笃信由此可见一斑。

薛怀义体察武后的心情，努力将武后与佛教相联系，但这不是他一个人能够完成的工作。法明（一说法朗）、处一、惠俨等八名高僧成为他的智囊。他们聚集在怀义安排的、位于洛阳外城东门建春门附近的佛授记寺，反复查找，终于挖掘出弥勒下生的信仰以及《大云经》这部经典。

释迦是已从现世往生西方净土的过去佛，与之相对，弥

勒菩萨可以说是未来佛。佛教相信，释迦的弟子弥勒死后将在世界中心须弥山上的广阔天界、欲界第四天兜率天重生（上生），56亿7000万年之后再次降生（下生）现世，为世间带来平安，将人们从烦恼中解放出来。由此看来，日本广隆寺和中宫寺的弥勒菩萨半跏思惟像都是安静忧郁的姿态，可能是在兜率天思考如何拯救地上的众生吧。

弥勒信仰，尤其是其下生信仰，从北魏末期的六世纪初开始，便受到民众的虔诚信重。它不是逃避痛苦的现实，而是改变所生存现世的救世理论。之后，每当人们想要改变社会现状时，弥勒下生就被广泛传播，吸引无知民众。武后方面本就意在取代唐朝建立新政权，注意到这一信仰自是极为顺理成章。然而，一般认为的弥勒是男性，为了跨越这一障碍，薛怀义等注意到《大云经》这部经典。

《大云经》始自五世纪初北凉昙无谶所译的《大方等大云（无想大云）经》六卷。为什么怀义等注意到这一经典呢？首先是因为此书中出现众多女性接受佛祖教诲的事例。这在佛教经典中独一无二。其次，书中有一位叫净光天女的佛弟子，佛曾对她赐言："汝在我现世之时，再度聆听我的教诲，会舍去如今的天女之姿，化为女性姿态，成为国王，拥有统治世界的转轮圣王四分之一的领土。"

若将从天女变为女王降临现世的她与武后形象重合，武后就成了被佛祖预言的天命之人。只是目前这位天女尚不为人们所知，欠缺一定的感染力。若将天女重新解读为弥勒，问题即迎刃而解。他们就这样找到可以依据的经典，重新翻译润色了全部经文并加上注释，以新《大云经》四卷问世。

《大云经》由此一跃成为最重要的经典。武后立刻将之颁布于全国寺院，令各自召集信徒讲说。她又在各州设置大云寺（大云经寺），力求彻底推广《大云经》及其所言真意，意在于武后登极（即位）之前，让民众期待充满慈爱的佛世界的建立。这是载初二年（690）七月之事，是武后登上帝位的两个月前。

就这样，由于薛怀义等的活动，佛教方面的理论武装完成。但是想一想，仅这样的话还不够。在中国人的观念里，不管传入之后过了多长时间，佛教说到底还是外来宗教，不是中国本土的东西。以此来说明中国的权力本质和状态尚不充分。因此，除非以与佛教的佛匹敌、而且是中国固有的形象证明武后上台的必然性，不然不为人们所接受。好不容易完成的佛教方面的准备只能算部分尝试。也就是说，只有中外思想相辅相成才能发挥效果。

中国自古以来便有一个传说：圣主明君出现时，黄河会浮出记录上天启示的"河图"，洛水也会浮出表示天命的"洛书"。并且，管理黄河者是河伯这一男性神仙，相对的洛水之神则是被称作洛神的女神。这里所说的洛水自然就是贯通洛阳的河流。这条河流中居住的神明恰是一位女性，因而利用"洛书"出现的传说服务于武后是极其自然的发展。

洛水河畔风景

这项工作由武后的外甥武承嗣负责。他自认将在新朝建立时被立为皇太子、最终继承帝位，对巩固内部体制最为热心。于是，他找到一块白色石头，刻上"圣母临人，永昌帝业"八个字，将紫石研磨成粉末与药物混合塞进刻字的地方，再将表面做的和原来的石头一样。这样的话看起来就像八个古老的文字从白色的石头表面浮现出来。垂拱四年（688）四月，武承嗣命一位叫唐同泰的人献上这块石头，声称"此石得自洛水"。

武后立刻对此做出反应。

——圣母临人（民），永昌帝业。

这正是洛水之神以"洛书"形式下达的天启，将我比作圣母。她表现出极其感动的样子，按照先前计划接二连三地下达命令。

她首先将这块石头取名为"宝图"，驾临发现它的洛水之畔，恭恭敬敬地接过，自称圣母神皇，接着又制作了三枚神皇印章。不久，她又接连不断地更改名称，将宝图改称"天授圣图"，称洛水为永昌洛水，洛水之神为显圣侯，出石之所为圣图泉，以泉水周围为永昌县。

在中国提到山川之神的代表，定是五岳四渎诸神。五岳即北岳恒山、东岳泰山、南岳衡山、西岳华山以及中岳嵩山。所谓四渎，是四条直接注入海洋的大河，指黄河、济水、淮水、扬子江，一般各取河、济、淮、江一字表示。五岳四渎各自有神明掌管，皇帝为了不让这些神明发怒，时常派遣官吏祭祀。

武后设法使洛水之神位居这些神明之上。因为要令神的谕旨"天授圣图"地位超然，必须先赋予洛水之神权威。她在此处强制运用了如下的"三段论"手法：首先将洛水提高到与四渎之神同等的位置，同时将嵩山定为特别的"神岳"，称其神为天中王，赋予五岳之首的地位，在此基础上，将洛水的显圣侯与天中王同等祭祀。

如此做了万全准备后，当年年末，武后在洛水北岸、中桥东侧筑坛，重新举行从洛神处接受圣图的盛大庆典。当时武后率领皇帝（睿宗）、皇太子登上祭坛，内外文武百官和少数民族首长都身着盛装见证这一庄严肃穆的过程。坛下聚集了珍稀的鸟兽，陈列着华丽的财宝，所有的史书都这样记录此刻的景象：

> 文物卤簿，自有唐已来，未有如此之盛者也。①

明堂恰好在举行这个盛大仪式的同一时期建成，武后意欲将之打造成上得天命的场所，这也是明堂名为万象神宫的缘由之一。

刻入白石的八个字，不能仅仅当作造假行为一笑而过。对武后而言，这是为登上权力宝座而不可避免的重要程序。

①《旧唐书》卷二四《礼仪志四》，第925页。诸史文字类同。

第十七章
迈向武周政权的最后冲刺

　　武后正式开始建立武氏政权的动作后，一方面通过铜匦大开告密之门，任用酷吏加强对反对派的弹压，另一方面，她先是令薛怀义负责建设明堂，翻译新《大云经》，又围绕"天授圣图"采取了一系列措施。如果说前者是用推土机推平路障，后者就是精神、观念方面的统一，虽然表现形态有所差异，但在深层次上有着牢固的联系，每一方面都不可或缺。

　　若是从这一角度来看，便可知建立武氏政权的一系列流程，并不单单是出于当时的灵机一动和情势所迫等，而是基于一个个十分周密的计划所形成。毋庸置疑，做出决定并发起这些行动的中心人物是权力欲熊熊燃烧的武后。只是无论她再怎么"超人"，也很难一个人完成全部工作。何况她正处于漩涡之中，原本能看清的东西也可能"当局者迷"。

　　再者，她是以皇后身份夺取唐朝而建立新王朝的，是史无前例的女帝。为什么这么做？这一大义名分必须比一般革命更为谨慎。武后仅凭野心怎么都不足成事，在她身边协助她、负责政策制定的是被称为北门学士的智囊集团。

说到以学士为名的智囊集团，唐初太宗尚为秦王时的秦府十八学士素有名望。他们都是杰出的官僚，各自凭借文韬武略等才能协助秦王，并在玄武门事变胜利后肩负起之后的政权核心。在唐朝，诸王、有时也包括皇帝，像这样以学士名义个人性地雇佣人才的现象十分普遍。被称作北门学士的人们也同样，虽说是学士却无正式的官名。这一群体在之后的玄宗时代才被纳入制度，拥有了"翰林（院）学士"这一正规的官职名称。

北门学士最早是一批有才能的文学之士，由武后以修撰著作的名义召集而来。至迟到上元二年（675）左右核心班底已经聚齐，代表人物以左史刘祎之、著作郎元万顷为首，包括左史范履冰、苗楚客，右史周思茂、韩楚宾。武后将他们都安插在与记录、撰文相关的职位上。诸人门第不甚高，出身亦非名家，刘祎之是南朝系，范履冰以下为山东系，所遴选的都是符合武后喜好和条件的人。只有元万顷是北魏皇室后裔，家族底蕴深厚，但似乎也与关陇贵族的中心无缘。他崭露头角是在高句丽征讨军总元帅李勣帐下，因文章才能而受到认可。

武后寄托在北门学士身上的期待当然不仅仅在于文学之才。上元二年左右，她作为"二圣"之一的天后，对未来的野心越发膨胀，但很明显这一野心仅靠现有的宰相以下的官僚体系难以实现。她想，既然如此，不如直接招揽了解自己想法的专属人才，一方面以他们为左膀右臂动摇既存的官僚体系，另一方面也要为即将到来的新时期确定理念方向。也就是说，这些人需要具备两方面的才能，既能处理现实政治，又能考虑将来需求。他们被要求的第一件工作前文已经述及，即全方位地准备武后作为高宗皇后的正当性。

这些人被冠名的北门，是相对于南衙的称呼。南衙指位于宫城以南皇城的官署街。宰相以下的正式官僚们在这里处理政务，从宫城的南门即正门公开地联系皇帝。与此相对，北门是宫城的北门，是内门，这一称谓可以说象征着从背后与皇帝进行私人联系的姿态。当时的人们将他们指称为北门学士，背后既有对其不是正式官僚的揶揄，又有对他们被视为与皇帝有私人联系的精英的羡慕，混杂着两种截然不同的感情。

武后集众人之才，陆续编成《列女传》《臣轨》《百僚新诫》《乐书》等书籍。这些总卷数达一千卷的庞然大物，在武后一贯的惊人构想和热情下实现了。那么，武后究竟想通过这些书目表达什么呢？

武后任用北门学士编纂的作品几乎全部散佚了。以女子之身夺取帝位的不端恶女，在这一后世评价下，此种结局也在情理之中。不过，幸运的是，唯有《臣轨》以与唐太宗的《帝范》相对比的形式在日本留存了下来。该书撰成于垂拱元年（685），正是武后开始暴露出权力野心的时期。并且，在新王朝建立后的长寿二年（693），武后下令科举考试科目取消《老子》而代之以这本《臣轨》，该做法一直持续到武后朝终结。因此可以认为，《臣轨》在理解武后的政治方针方面占据着极为重要的位置。

《臣轨》分上下两卷。据记载每卷各有五章，共计十章。第一章题为"同体"，起首即言：

> 夫人臣之于君也，犹四支（手足）之载元首（头），耳目之为心使也。相须而后成体，相得而后成用。故臣之事君，犹子之事父。父子虽至亲，犹未若君臣之同体也。……①

其意大致是说，原本君主与臣下就是头和手足、心与耳目的关系，各尽其分，互相支撑，构成一体。因此，君臣关系亦可比肩父子关系，甚至是比至亲父子联系更为紧密的同体关系。

如上所示，第一章即条分缕析地叙述了君臣的同体关系，实际上这一君臣同体的论调，正是贯穿全书的主题。不过，虽说是君臣同体论，其意却并非阐述为君之道。为君之道在

---

① 王双怀等编：《帝范臣轨校释》卷上《臣轨·同体章第一》，西安：陕西人民出版社，2016年，第146—147页。

《臣轨》上卷「同体章」起首（据佚存丛书本）

太宗的《帝范》中已有论述，而此书转换立场，论述臣下应该如何奉仕君主，着力点完全置于臣下方面。

因此，该书自第二章起进一步论述作为臣下、官僚应当遵守的规范。主要包括以下方面：以至公的精神尽忠；谨守臣下本分勤奋工作；公正无私；努力进谏；重诚实信义；勿泄露机密慎重行动；清正廉洁；做对上尽忠、对下慈爱的优秀将领；劝农，使民众安居乐业等等。

上文已反复提到，武后的目标是夺取唐朝、开以女子之身登临最高权力宝座之先河。然而这并非一朝一夕所能实现，必须经过如血液渗透一般的漫长的准备期方能达成。她的野心早在赢得皇后之位的永徽六年（655）左右便萌芽了。之后，她不断排除以长孙无忌为代表的关陇系贵族及山东系的旧门阀，转而重用非关陇系、非门阀系出身的李义府和许敬宗等。

另一方面，武后致力于通过科举获得新人才。众所周知，科举始于隋代，是一种通过考试进用官吏的办法。因自初创时便通过秀才科、明经科、进士科等科目进行选举（考试）而得名，不过，要说当时进入政界的途径，主要还是通过门第（门荫）和父祖官爵（恩荫），科举处于旁系或者说补充地位。

到了武后时期，一直以来占据科举中心的秀才科完全废弛。取而代之首先是考察儒家经典能力的明经科备受重视，其次考察文学能力的进士科人气日益旺盛。伴随着以上变化，及第者的数量也大幅度增加，从科举进入政界的道路固定下来。其结果是门第低下亦无恩荫的新兴阶层人士参与政权的道路被打开，同时出身于旧贵族家庭而应试科举者也开始崭露头角。因为由于武后推动的新氏族志《姓氏录》的编纂和婚姻政策等，如今已不是仅凭门第生存的时代这一观念开始深入人心。

武后时期，政界如上所述面临大的转型期，不断动摇。虽说上层部分依然由旧系统的人们把持，但富有才能、科举出身的新官僚们从下面步步紧逼，不断追上来。再加上因武后个人的提拔而混入政界的家伙们势力巨大，故而凝聚官僚界的价值观和价值标准不断动摇。另外，武后在正规的机构之外，还拥有为实现自我政治野心服务的指挥系统。政治由此出现二重趋向，调动整个官僚机构的机制不可避免地陷入混乱。

在这种状况之中，《臣轨》面世了。因此，作为该书基调的君臣同体，其最主要目的很明显是稳固皇帝与官僚之间这种混乱、动摇的关系，实现以皇帝为中心的新的统治体制。书中列举了作为官僚的规范，这是武后心里描绘的官僚的理想状态，其所构设的假想对象，可以说是作为今后政界中坚的科举系官僚。

至高无上的皇权和忠于职守、克己奉公的官僚群体，以二者的关系为轴确立新的统治体制，实现关怀民生的稳定政治，这大概正是武后想通过《臣轨》明确向内外表示的政治理念和方针吧。若是如此，说明她心中已经明确意识到贵族制的终结和君主独裁制的开始。这一悟性毫无疑问是领先于时代的。

武后废除中宗、幽禁睿宗之后，唐室相关人员所处的环境发生巨大变化。他们表面受到厚待，实际遭到戒备，不断被调离政治要冲。此时发生了以中宗复位为旗号的李敬业叛乱。虽然这次叛乱本身在呈现扩大迹象之前就被击溃，但武后深刻意识到一个问题，万一有实力的宗室成员参与叛乱事态将如何发展？归根结底还是要彻底除掉他们，于是她收紧了告密和酷吏的天罗地网。

看到武后肆意操纵政治，李家人越来越有危机感，他们避开监视的耳目，偷偷相互取得联络。其核心人物是高祖第十一子韩王李元嘉和儿子黄国公李譔，太宗第八子越王李贞和儿子琅琊王李冲等。在这种情势下，垂拱四年（688），武后向他们下达了一个命令：来年正月，隆重举行庆祝明堂建成的仪式，请皇族全员出席。

见此，李元嘉等不约而同地想："这必定是一个阴谋，意在将我李氏一族召到洛阳，一网打尽、赶尽杀绝。"

他们慌了。但是，在互相隔绝的状态下，大家很难取得联络，同时举兵。不过，之前曾从各地收到过"一旦有变，合力起兵打倒武氏"的回信。仗着这一点，李冲首先采取行动。他此时担任博州（山东）刺史，处在易于举事的地区。

李冲聚集了5000人左右的兵力，首先进攻州内的武水县城。他打算攻下这里之后，渡黄河出济州，集结山东方面的力量，然而首战受挫。在进攻县城时，他命人将堆满干草的车子放在南门附近，准备点火烧掉南门，未曾想遇到逆风，作战失败。一时间军心沮丧，再加上他将指责自己"犯上作乱"的部下斩首，全军分崩离析。他逃回博州城，却被眼看形势不利的城中人士杀害。这是他起兵之后仅仅第七天的事情。

李冲在举兵之时，矫称皇帝睿宗的命令，向四方散布：

神皇（武后）欲移李氏社稷以授武氏。①

　　孰料他所期待的呼应完全没有出现。原因有两点，一是因为他起兵仓促他人准备不足，另一方面众人恐惧万一失败将遭到武后严惩。在这过程中，唯一的响应者是李冲的父亲——豫州（即蔡州，河南）刺史李贞。

　　但即便是李贞，也并非坚定地反对武后，而是听闻儿子起兵后试着举事，一接到儿子失败的消息立刻中途放弃，惊慌失措地说要立刻上京向武后谢罪。之后因士兵已经集结而改变主意重整局势，然而又是让士兵带着于战无益的符纸，又是费力聚集僧侣令其诵经祈祷胜利，丝毫没有气势。

　　其间武后派遣的唐军不断迫近。这次唐军总统帅是麴崇裕和岑长倩二人，兵力十万。手忙脚乱、兵力也远远不及的叛军当然不是唐军的对手，一击即溃。李贞见事已至此，服毒自尽。此时距他举兵约过了二十日。

　　另一方面，反武后的先锋、凝聚李氏人心的资历最老之人李元嘉与儿子李譔，在各自的任地绛州（山西）和通州（四川）未能有所动作，致使李贞等白白丢了性命。

　　在这场意气消沉的叛乱中，只有一个人表现出了壮烈的气概。那就是高祖第七女、嫁给寿州（安徽）刺史赵环的常乐长公主。为李贞传达起兵消息的使者到来之时，她激励使

---

①《资治通鉴》卷二〇四，则天皇后垂拱四年九月条，第6449页。

者说："希望你回去将我的心意转达给越王。尔等诸王若是男儿，这种时候就勿要退缩。过去隋文帝欲篡夺北周之时，周室外戚尉迟迥举兵以救社稷。虽最终没能成功，然忠诚之姿传遍海内。何况汝等诸王为先帝亲子，今李氏濒临危殆，当化作奋身救国的忠义之鬼，莫要沦为后世笑柄。"

李贞之乱以失败告终后，赵环夫妇也被逮捕，从容赴死。

与其说武后充分预料到唐宗室成员会发动叛乱，毋宁说她一直在促成此事更为贴切。这样一来，武后获得了处罚李氏一族的绝好口实，之后便只剩下借酷吏之手将有关无关之人一并落罪而已。在这武后革命的前夜，与李氏相关的数百家基本都遭到屠戮，幼弱者被流放至南方炎暑之地，几乎被赶尽杀绝。

新王朝的成立迫在眼前。已经没有人再挡在武后面前。也没有人对女人掌权提出异议。不，人们已经连女帝上台的违和感也感觉不到了。

武后一个人沉浸在感慨之中：终于走到了这一步。

说起来也巧，恰好在武后被迎入高宗后宫时的永徽四年（653），一位叫陈硕真（贞）的女性在睦州（浙江）举兵。叛乱本身两个月左右就被镇压了，但此事对武后而言新鲜而惊奇。在那么偏远的南方，她区区一个民间女子竟成为数千人的首领，并以文佳皇帝自号而起兵，即便说用了妖术也不可思议。以女子之身发动叛乱甚至僭称皇帝，这在历史上尚无先例。在宫中听到这个故事时，武后预感到这可能是新的女性时代的预告。

她没想到这一预感竟是通过自己的手变成了现实。自从潜入高宗后宫，经过激烈的权力斗争获得皇后之位后，在皇宫这个权谋术数交缠的阎王殿中，自己片刻也未曾放松。而且，权力的味道是可怕的，一旦君临其上，知晓调动巨大的机构和力量的有趣之处，便像吸食鸦片一般逃不开了。在这个过程中，不知不觉间所有人都认为自己在惦记高宗身后的位子，以至于到了今日。

武后接着想，能否运用权力，设法克服自己作为女人的不利、不平等呢？为了让女性和男性接近平等，她做了一些努力。例如以下关于服丧的规定即可看作其中之一。

关于父母去世时的服丧期限，礼制规定，父亲死亡的话，无论母亲是否健在，都要服最重的斩衰三年之丧。但如果是母亲去世，一向的规定是若父亲已经死亡则服齐衰三年，这是与斩衰三年基本匹敌的重丧，然若父亲健在，则变成服齐衰一年这种轻丧，理由是为了不让在世的父亲悲伤。

这是以父权为代表的重视男性的典型事例。父亲死亡的情况下，不管母亲是否在世都要服斩衰三年之丧。那么，母亲死亡也必须适用相同的规定。出于这种想法，上元元年（674），武后提出修改相关丧礼规定并得到认可，内容如下：

父在，为母服齐衰三年。①

　　将母权与父权同等对待，武后这一措施的出发点是提高女性地位，进而有利于强化自己的政治地位。

　　说到男性和女性的关系，她还有另一件在意之事，即文字的问题。汉字是表现自我立场和思考的唯一手段，但试想一下，汉字这东西是作为男性的所有物而存在的，其作用是说明男性们的世界、男性们的思想，而不是为了女性。只要继续使用饱含男性优先观念的汉字，就只能在男性的地盘上战斗，武后甚至连这种事情也耿耿于怀。

　　如何让文字倾向女性一方呢？为这项课题提供答案的是她身边的宗秦客。他首先发明出12个迄今为止不存在的独特文字，提议将之普及。此即世称的"则天文字"。

　　他先是造出相当于武照的"照"字的"瞾"这一新字，表示日月当空、光辉普照的状态，接着继续造出天、地、日、月、星、君、臣、人、生、国等字。改变所有文字是不可能的，也没有必要。日常使用的事物或者不得不使用的事物，以及以男人为前提存在的事物，在这些事物的一部分中使用独特的文字，借此让人们时刻感受到背后这位掌握最高权力的女性——武后的意志，不得不再度确认时代的变化。在社会中打入这样的楔子就足够了。

---

①《资治通鉴》卷二〇二,唐高宗上元元年十一月壬寅条,第6374页。

则天文字

载初二年（690）正月（旧历十一月），则天文字颁行天下。所有的公文文书中都必须使用这些文字，此外武后又通过新撰定的《大云经》将之迅速推广到全国的角角落落。之后每逢修改年号，都要追加新造的年号文字等。新字由于特殊的字体，不由分说地吸引了人们的目光。武后心中认为，新字之中印刻着自己和凝聚在自己身上的女性世界，感到十分满足。

神龙元年（705）二月，武后政权因政变而倒台，这些新文字被下令停止使用，至此，它们被切切实实地使用了长达16年的时间。因此，今天的我们能够通过是否有这些文字来确认某些史料是否书写于武后时期。

第十八章

武周革命

　　永昌元年（689）十一月一日正午，武后在万象神宫（明堂）宣布，以此日为载初元年正月。由此，改十二月为腊月，正月为一月。这是在发动革命之前改行周历，此举也是武后治下几乎每一两年即行改元的开端。

　　至载初二年（690）九月，武后周围的动作突然活跃起来。最先行动的是以酷吏身份崭露头角的傅游艺。此月三日，他率领900余名关中长者请愿"请改国号为周"。关中指长安一带，正可谓唐王朝的根本之地。傅游艺打算通过这一地区的众多长者特意请愿的形式，为革命提案增加分量。所谓革命，即变革天命（王统）。

　　他在此前后以酷吏身份相胁，积极动员各方请愿革命。请愿之事人数越多越好，对象越广泛越好。于是，傅游艺效仿前例，令百官、皇族、远近农民、僧侣、道士乃至邻近的异民族首领都争先恐后地请愿，人数超过6万人。他的演出至此犹未结束，又编造瑞鸟凤凰自明堂飞出，数万只赤雀集聚于朝堂的异象，以之为吉兆。

看到事态急剧变化，睿宗也不安起来，上言："请务必赐我等武姓。"

虽说仅有虚名，但他也是李唐的皇帝。他以这等身份主动提出欲改李姓为武姓，即表明愿辞去皇帝位让与武后。此事具有决定性意义。一直以来表面上说着"不不，像我这般怎能……"作推辞状的武后认为时机已到，决定革命。

九月九日，正当重阳。这一天，武后登上宫城正门则天门（应天门），面对下方大广场上密密麻麻的百官和农民们，大声宣告了周王朝的成立。以政权为上天所赐，定年号为天授。从楼上俯视着人们喧闹的场面，武后得意至极，自己终于成了皇帝，而且是史无前例的女皇帝。

武后即位后立刻自称圣神皇帝，改前皇帝睿宗为皇嗣，前皇太子为皇孙。同时，祭祀武氏祖先的七座宗庙也确定下来。七庙即天子七庙，是皇帝一家独有的特权。因为它们会被尊为国家宗庙，是新王朝建立之际必须首先确定的所在。

国号周，如前所述因武氏自称为缔造周王朝的武王血脉而定，当然也不能忘记中国人寄托在上古周王朝上的期望。在中国的观念中，周是理想的王朝，因而后世当政者往往意图通过标榜回归周朝的理想体制，让人们的目光从现实的矛盾和课题中移开，从而克服危机。很明显，背负着内部问题的武周也在这个国名里倾注了同样的期待。

不管怎么说，武后经过登上后位以来三十五年、高宗死后七年的准备，终于实现了建立武周政权的夙愿。武后（以下应当称皇帝、女帝等，但为方便计，仍沿用武后之称）此时68岁，于做皇帝而言年岁过迟，但她的身体毫无病痛，精力也丝毫不见衰弱，夜晚将薛怀义邀入寝宫的生活亦在继续。她精心装扮的容貌令人感觉不到年龄，以至于周围的人们完全忘记了她的高龄。两年后，武后说自己的牙齿重新长了出来，改年号为长寿，臣下们在内心震惊的同时，又觉得这种事发生在她身上理所当然。

武周革命就这样成功了。但这又有什么不同呢？酷吏依然专横，随意将人定罪，恐怖的氛围持续扩散。男宠薛怀义也仍然仗着皇帝的宠爱为所欲为。以武承嗣、武三思为代表的武氏一族占据政治中心的情况也没有改变。此外，武后的女儿太平公主也从某个侧面支撑着武后的政治。

太平公主从容貌到性格都酷似母亲，早就参与了母亲的密谋，因为嘴巴牢靠、从不泄露一丝秘密而深受信赖。她的第一任结婚对象是薛绍，但他因牵涉垂拱四年（688）琅琊王李冲的叛乱而被杀。武后为公主准备的下一位对象是与她有表兄妹关系的武攸暨。这是出于巩固家族关系的考量。攸暨那时已有妻子，但武后将之杀害，令他与太平结婚。公主在这两次婚姻中育有四男三女，与母亲一样子嗣旺盛。

不管怎么说，革命姑且顺利落下帷幕，事态稳定下来之后，局势开始一点点发生变化。薛怀义也好，酷吏也好，乃至武家人也好，他们各自都是依仗与皇帝的私人关系而得以站住脚跟，如若失去她的支持，其他基础或社会背景一概也无。为了弥补这种不稳定性，他们必须一直有所动作来吸引武后的注意。这样一来，他们在互相争夺的过程中，不知不觉生出裂痕，脱离现实，只能走上自取灭亡的道路。

姑且试着追寻一下他们之后的动向吧。

首先是薛怀义。虽然他出入宫中已经有些年头，但武后的宠爱一如既往。这有点像大龄女性对年轻情人死心塌地的状态。尽管是出家人，武后仍授予他世俗的将军号，而且在出动讨伐北方突厥的大军时经常任命他为总统帅。当然，他对军事一窍不通，武后一定会让身经百战的勇猛副将随行。说到底，她是要用战争经历给薛怀义镀金。突厥在这一时期脱离唐的控制，建立所谓的第二帝国并拉开攻势。在这种时候，武后的姿态却不慌不忙，反而将此视为情人出人头地的绝好机会。

薛怀义为武后建造明堂、天堂，准备《大云经》，修建大云寺。天堂虽一度被风毁坏，但又重新整修。该工程从南方运来巨木，每日役使一万多人，花费数年已接近完成，并按照武后的旨意在其中安放了一尊夹贮大佛。

所谓夹贮大佛可以说是糊制的佛像。首先在木制骨架上堆放粘土塑造出佛像的大致模样，并在表面贴上麻布。接着反复用生漆将麻布层层叠叠地贴在上面，待其干燥稳固，便切开麻布挖出内部泥胎，再重新放入骨架将佛像固定。之后缝上切口，用漆木屑涂抹装饰表面，最终完成佛像。

　　薛怀义建造的这座大佛，高约百尺（30米），十分巨大，据说仅小拇指中就能容纳数十人。说起来，武后对这类大佛情有独钟。洛阳城南有著名的龙门石窟，在这片自5世纪末的北魏至唐积极开凿的石窟群中，坐镇中央的奉先寺大佛尤为醒目。这正是武后拿出两万贯脂粉钱建造的那座卢舍那大佛。该工程历时三年九个月，于上元二年（675）完成，佛像高达17米有余。估计薛怀义就是以这座大佛为原型，制作了规模远过于它的夹贮大佛吧。顺便一提，一般认为日本奈良东大寺大佛也是模仿这座奉先寺卢舍那佛而造。

龙门奉先寺大佛

据说薛怀义在此期间耗费了巨额经费，国库为之一空。不仅如此，他还屡次举行盛大的无遮会（施舍功德的布施法会）。有一次，他将满满十车的钱币撒向人群，致使民众拥挤踩踏造成死伤。日益傲慢的他后来连宫中也不怎么去，整日在白马寺与上千名身强体壮的私度僧们饮酒作乐。这些私度僧类似过去日本比叡山的僧兵一般。①

见此，侍御史周矩上书请求调查薛怀义。武后一开始不许，最后还是同意了让薛怀义前往御史台（肃政台）。在武后的命令下，薛怀义勉强到了御史台，却迟迟不下马，甚至骑着马踏上台阶。他到调查室后也一直趴在长椅上，完全一副戏耍对方的模样。调查一开始他就离开房间回去了。周矩把情况报告给武后，武后却好似为他辩解一般回答说："那人是个疯子，不要再跟他一般计较了吧，聚在他周围的私度僧任你处置。"

最终，周矩没有撼动薛怀义，只有私度僧们被处以流刑。后来周矩本人因此事被薛怀义逼至免官。

之后，一件举世震惊的大事故发生了。那是证圣元年

---

①僧兵即寺院豢养的由僧侣组成的武装集团。日本僧兵最早出现于平安时代，至战国时期发展成一股特殊武装力量。比叡山是日本天台宗山门派总本山，历史上曾豢养大批僧兵，武装力量强大。最为著名的事例是其曾与战国大名织田信长发生大规模对抗并遭受重创。之后随着丰臣秀吉、德川家康等对大寺院力量的打击，僧兵逐渐退出历史舞台。

（695）正月十六日的事情。在前一天的十五日，无遮会再度在明堂举行。当然，武后是该活动的核心。薛怀义为了给她惊喜而苦心设计。他在稍远的地方，挖了一个深达五丈（15米）的大坑，中间放入金刚大佛，又仿照宫殿的样子，在坑的周围张开绢布帷幕，坑上方亦用绢布做成屋顶。他把参加者的目光聚集到此处，随后将大佛从地底拉上来。人们齐呼"大佛从地底升起来了"，为之喝彩。他又向人们展示画在绢布上的高达200尺的佛像。那是用牛血描绘的，但他四处吹嘘是以自己膝盖中抽出的血所绘。

这一时期，薛怀义听到一个流言。即武后宠爱身边一个叫沈南璆的侍医。薛怀义急了。因为他自认为皇帝宠爱的唯有自己一人。必须想办法让女帝的目光转向自己，正是这种心情促使了他在无遮会上的设计。

翌十六日，薛怀义在洛水之上的天津桥南举行以食物款待僧侣的斋会。此时他又把那张说是用膝血描绘的大佛像挂起来给民众看。参与聚会的僧侣和信徒们盛赞他信仰虔诚。听着大家的这些赞美，他的内心再度激荡起来："自己如此尽心尽力，然而听传闻说皇帝却在宠爱侍医之流。若真如此实不可忍，必须想办法将我们的关系恢复到从前……"

在嫉妒和焦虑的支配下，他不知不觉失去了理智。

是夜二更（10时），火舌从天堂升起。火焰从中间的夹贮大佛开始，瞬间笼罩整个建筑，之后又蔓延至旁边的明堂。直插天际的两栋建筑像两根火柱将天空烧得通红，洛阳城被照耀得宛如白昼。火带来了风。薛怀义挂在天津桥南的大佛像被风刮动、撕裂成碎片飞走了。大火烧至天明终于熄灭，连一片木片都没有留下。武后作为新政据点的明堂和天堂，一夜之间化为灰烬。

薛怀义双眼通红地看着燃烧的大火，喊道："烧吧，都烧光吧！那样的话陛下一定会再次重用我！我对皇帝而言绝对是不可或缺的！"

明堂和天堂失火对武后而言是一个打击。她立刻察觉到是薛怀义放的火。但这件事情必须严格保密，她将失火原因归咎于天堂施工的役夫。如果说罪人是薛怀义，床笫纠葛就会暴露于白日之下，有损她的颜面。而且，她觉得杀掉一直以来爱慕自己的人有点可惜。她拼命掩盖内心的动摇，立刻命令重建明堂，再度任命薛怀义为总负责人。

薛怀义干劲十足。他认为武后的宠爱没有衰退，只要从此洗心革面就好。但随着放下心来，他又开始日渐飞扬跋扈。武后见此，意识到这个男人已经不堪任用，对他彻底失望。以武后的性情，一旦失望，之后的处理便十分迅速。此事不能委托给外面的人。武后偷偷让女儿太平公主精选宫女百人，在寝宫附近的瑶光殿前逮捕、殴杀了薛怀义。尸体直接用车载着运到白马寺，火化之后埋葬，并为他建造了一座塔，这是武后最后的关怀。

从一介药商到武后男宠，为武周革命多有表演的一代怪僧薛怀义至此身死形消。从他出入宫中开始，这恰好是第十年。

他遗留下来的明堂建设，按原计划继续推进，翌年即天册万岁二年（696）三月完成重建，与之前的规模和形状几乎无二。顶上置镀金凤凰，被重新命名为通天宫。翌年四月，铜铸的九州鼎完成，作为凝聚全国的象征被安置在通天宫前院。象征洛阳的豫州（神都）鼎最大，高一丈八尺（5.4米），其他八州鼎也是一丈四尺（4.2米）的庞然大物。这些巨鼎是调动十余万士兵，由大牛和白象从北边的玄武门运进来的。

武周革命成功之后，酷吏们也一如既往为所欲为地上蹿下跳。来俊臣等编纂的《告密罗织经》这一指南书之后成为定例，意为酷吏通过告密和拷问捏造罪责的"罗告"和"罗织"等词语甚至成为当时的通用语。

酷吏中最早登场的索元礼，因为过于残酷的拷问和贿赂问题最先被除掉。他被下狱时否认了罪状，但让他看到自己设计的铁枷刑具后，立刻一脸恐惧地认罪了。

被并称为"来索"的另一位酷吏来俊臣越发任意妄为。他曾两度下台被贬至地方，但两次都被召回。因为武后始终支持他。他背后酷吏成群，意图效仿他通过告密获取机会的人络绎不绝。人数之多连武后都有些厌烦，她某次命一个叫严善思的人检核案情，没想到蒙冤落罪的被害者有850人之多。

来俊臣之后，以精明强干闻名的是周兴，他谙熟法律，通过操纵法律杀掉的人据说达数千之众。与周兴关系亲近的是丘神勣，他当然也是酷吏。琅琊王李冲在博州发动叛乱时，他曾作为大总管前去讨伐。他到博州时，叛乱已被平定，城中所有人都乖乖投降，他却不允许人们投降，最终将千余家全部杀害。

后来有人密告周兴与丘神勣企图谋反，来俊臣受命调查此事。周兴不知这一任命。来若无其事地问周："囚犯无论如何都不招供应当怎么做才好？"

周洋洋得意地回答："这多容易啊！将他们放入大瓮之中，用熊熊燃烧的炭火从外面炙烤，无论什么事情都会招的！"

"好，真是个好主意。"

来立刻让人准备刑具，缓缓地向周宣布："其实要调查的就是你，就由你来试试这个法子吧。"

周十分震惊，浮现出恐惧的神情，却为时已晚。他自掘坟墓，自己设计的酷刑最终用到了自己身上。

还有一位与来俊臣有关的人物叫万国俊。长寿二年（693），他被派遣去岭南（广东、广西）调查流放罪人的作乱动向。他此行身负特命，若事情属实可以当场斩杀。到达广州之后，他召集全部流人，在没有调查的情况下就逼他们自杀。流人们齐声抗议传闻有假，他却将他们拉到水边一一斩杀了，人数多达300之众。之后，他向武后报告："流人们一直心怀怨恨，若不查清楚不日就会引起叛乱。"

武后立刻向剑南（四川）和安南（越南北部）等地派遣了调查员。结果，他们都仿效万国俊的做法，刘光业杀900人，王德寿杀700人，其他人也至少各自杀害了500人，竞相争功。

这样算来酷吏们杀了多少人啊！他们果真如此猖狂吗？这并非无人质疑。考虑到有后世为抹黑则天武后时代而捏造、增加数字的可能性，所以结合情况差异，真实数值或许可以视为记载的十分之一左右，不过如今也没有别的手段可以确认这一点。

成为酷吏者说到底都是些没有教养之徒。不过是精于算计，一旦咬住就不肯松口。正因为这种秉性，他们才能不顾对象、没有廉耻也不要脸面地撒野。这种人的确是存在的。有一个叫侯思止的人，年轻的时候很穷，以卖饼为生，后成为高元礼的奴隶。之后因告密跻身酷吏之列，这时高元礼向他传授秘诀："如果陛下说你不识文字，你可以这样回答：'那个据说能够辨别邪恶之物的独角兽獬豸也不识字。'"

他照此回答，武后十分中意。之后，高元礼又教他："陛下看到你没有家宅，肯定会把从叛乱之人那儿没收的宅子赏赐给你。那种时候你回答'我憎恨叛乱之人，因此不想住在他们的地方'就好了。"

侯思止再次按他所教的回答，令武后非常高兴。他说话有浓重的乡下口音，人们模仿他的口音当作笑料。诸如此类，此人算是不学无术、没有教养的酷吏典型。

话题再回到来俊臣。作为酷吏核心人物的他，必须经常寻找新的猎物。若非如此，不知何时就会失去武后的宠爱，被视为无用之人而遭到抛弃。既然已经成为众矢之的，就不能再退缩，更没有选择的余地，只能和武后一起能走多远走多远。

酷吏最早的靶子李唐宗室大半已被他们设法除去。之后酷吏们选择的对象是参与政治中枢的官僚，也就是朝士。朝士如何看待武后的登基？是否同情李唐？监视他们成为酷吏的重要职责。朝士们整日惴惴不安，不知何时会被强行带走，不知前途所在，甚至不知会不会被灭族。他们每天早上去上朝时，都会和家人作别，说"不知还能否再活着相见"。

被酷吏"罗告"的人中，位居重臣之列的有乐思晦、李安静、任知古、狄仁杰、裴行本、李游道、袁智宏、魏元忠、李嗣真、岑长倩、格辅元、欧阳通等等。他们虽说被罗告，但并非全部遭到杀害。像在武后政权的舞台上游刃有余的狄仁杰，就是少数置之死地而后生的人。他的事情下一章会述及。另外，魏元忠也活了下来。

魏元忠因全力平定李敬业之乱而受到武后赏识。他性情豪爽且品行纯直，故而为酷吏所恶，三次陷入魔爪，但三次都得以逃生。好像是第一次的时候，在他正要被杀掉的前一刻，武后的赦免令到来，他才总算被救下。据说当时他临近行刑依然面不改色，态度凛然，等到正式的诏命下达后，静静地离开了刑场。

但是，在酷吏的暴风雨狂乱不止的这一时期，也有朝士不仅未落入罗网，还一直坚守着不屈的气节。比如娄师德。此人因进士及第而入朝为官，见吐蕃入侵自愿前去参战。而他进入中央政界后，便压抑自己的喜怒情绪，孜孜不倦地埋头政务。有一次，他的弟弟被任命为州刺史，临上任前前来辞行。哥哥对弟弟说："我位居宰相，你若成为州长官，定会遭到他人嫉妒。此事当如何回避？"

"今后我就算脸上被人吐唾沫，也只会自己把它擦掉。请您不要担心。"弟弟如此答道。听到这句话，哥哥严肃地责备他："那正是我所担心的。他人吐你唾沫是要激怒你，你擦掉的话反而会激怒对方，唾沫之类的放着不管自己就干了，只要笑着应付过去就是。"

娄师德身体肥胖，行动迟缓，看起来就像一个糊涂虫，但很有识人之明，屡次将优秀的人才推荐给武后。狄仁杰便是其中之一。但狄仁杰成为宰相之后，不知个中关节，排挤娄师德。之后从武后处获知原委，狄仁杰从心底感到愧疚："啊，娄公多么宽宏大量地包容着我啊！今日方知我比娄公差得远呢。"

当初来俊臣等酷吏经常与武氏一族统一战线对付朝士们。因为他们有着同样的目的，必须抑制朝士的活动共同支撑武后政权。酷吏也好，武家人也罢，都只有在武后身边才能出人头地。

但是，这两方的关系半道上开始僵硬起来。因为他们都想独占武后宠爱、掌握实权。尤其是来俊臣，这一想法十分强烈。他自信深得武后信赖，甚至荒唐至极地以为有朝一日能够接替武后。

要达到这一目的，最大的障碍便是武家人，武后的女儿太平公主也很碍眼，还有薛怀义死后得到武后宠爱的张昌宗等。来俊臣想，这些人都是麻烦，全部都要除掉。因此，他捏造了他们与皇嗣（原来的睿宗）和庐陵王（原来的中宗）密谋欲发动宿卫军谋反这一诬告之辞。以谋反为借口打倒政敌是他一贯的做法。

该计划被他的一个同伙密告给武家一方。听到此事，武家人急忙跑到武后身边，先来俊臣一步举报了他一直以来的恶行。来俊臣被打入大牢，但对于如何处置他，武后有些纠结。她心想，是否放他一马呢？自己有今日，这些酷吏功不可没，今后应该也有用得着他们的地方，因为在权力面前，酷吏这种"恶"可以说是必不可少的。

但另一方面，她又想，可能也差不多是时候了。酷吏们现在势力过大，所犯罪行从四面八方传入耳中。再任由他们横行霸道的话，很有可能危及权力根基。她又想到，若以皇帝身份下令除去来俊臣，既可以将恶名全部扣给酷吏，自己又能得到世人好评。她进行了充分的计算。

最终，她做出决断，同意处死来俊臣。就这样，来俊臣被拉到闹市斩首示众，尸体也被丢弃在大街上。仇恨他的人哗地一下扑向他的尸体，争先恐后地扯下他的肉吃，眨眼之间就不剩什么了。这是中国最激烈的报仇雪恨的方式。之后，只留下被挖掉的眼睛、剥了皮的头和骨头以及被硬拉出来的内脏，沾满泥土，七零八落。

时处万岁通天二年（697），这是支撑武后时代一角的酷吏最后的下场。

最期待武周革命成功的是武氏一族。因为他们可以得到作为皇族的财富和权力，缔造属于武氏一族的荣华。其中武承嗣尤其充满干劲。武后成为皇帝后，前皇帝李旦被立为皇嗣，但他不是武家的子嗣。而且武承嗣自认为，若论对革命的贡献，自己理所当然是皇太子的不二人选。

但武承嗣有一个弱点。他纵然是武家的代表人物，却并非武后的亲儿子。她十月怀胎生下的两个儿子还在。依照从先祖到子孙、以亲子关系为纽带的血统观念，武承嗣的地位再怎么看都欠缺说服力。武家人苦于如何突破这一障碍，而反武氏派则抓住这一点以图复兴唐室，双方在暗中激烈角逐。

身处其中的武后立场也很微妙。自己为了实现革命，调动种种理论谋求继位的正当性。但事成之后，权力如何传递给下一代却颇伤脑筋。既然夺取唐朝建立武周王朝，自然想让武氏之人继承，但他们却并非自己的直系后代。虽令皇嗣李旦改成武姓，但他本质上还是李家人。只能暂且走一步看一步了，她决定。

见此，武承嗣着急了，必须尽早让武后定下太子人选。于是，他指使一个叫王庆之的洛阳人，纠集数百人上奏以武承嗣为皇太子。获准谒见武后的王庆之在此赌上一生，他匍匐在地，流着泪陈述自己的观点，之后便一动不动。武后敷衍地听着，最终忍无可忍。她喊来以性情刚直闻名的凤阁侍郎李昭德，说："此人要废我皇嗣，立武承嗣。"当众扑杀了他。

这一结果使武承嗣深受打击。即使同为武家人，武后的眼里也并非只有武氏。再加上，此时李昭德又插了一脚。如意元年（692）七月，李昭德提出"武承嗣权力过大"，说"武承嗣是陛下外甥，位列亲王。亲王本不应位居政治中枢，而他却兼任宰相，其位几同人主。臣担心他将来会威胁陛下的皇位"。

武后被戳到了痛点。说起来确实如此。作为君主，即使是同族也不能大意。于是，武承嗣被从文昌左相迁为特进这一名誉职位，纳言武攸宁被平调为冬官尚书，夏官尚书杨执柔被改任地官尚书，纷纷被剥夺了作为宰相持有的实权。同时，武后提拔李昭德、姚璹、李元素和崔神基等朝士为宰相以分散权力。

武承嗣此后也曾向武后暗示皇太子之事，但最终没有取得进展。圣历元年（698）八月，他在失意中去世。

武家人切实感到他们的地位绝非稳固。他们认识到武后其人非同一般，只能先尽力保证武后政权的稳固。在武家人中，与武承嗣并列的领头人是武三思。出于上述目的，他提出了一个史无前例、别具一格的建筑方案。

此建筑便是天枢，是一根高耸入云的柱子。武三思率领周边民族首领上言这一方案。这么气派的建筑武后当然中意。他们征敛了大量的铜，甚至熔铸铜钱和农具以补不足。就这样，一根高105尺（32米）、边长5尺的八角柱在皇城正南门端门外竖立起来。柱顶置承露盘，直径3丈（30尺），盘中有四个龙人捧着火珠。天枢的外壁上刻着百官和四方诸民族首领的名字，武后亦在其一角挥毫泼墨，写下"大周万国颂德天枢"。天枢是歌颂武后和武周王朝的一大纪念碑。

武三思同样暗自期待着被立为皇太子。武后也曾一度考虑以他为继承人。但这份期待因武后决定将幽禁在房州（湖北）的庐陵王李显召回京城再度立为皇太子，而最终成为不能实现的梦。那是圣历元年（698）三月之事。令事情以这种形式了结、击碎武三思等的梦想、开辟大唐复兴之路的人物正是狄仁杰。

第十九章
武周朝的朝士——狄仁杰

　　从洛阳市向东行10公里左右就是那座以佛教初传之寺而闻名的白马寺。寺门前游客如织，面向游客的店铺鳞次栉比，十分热闹。避开人潮向东走5分钟左右，一座瑰丽的十三层砖塔跃然眼前。这就是金大定十五年（1175）所建的齐云塔。鲜少有游客将足迹延伸至此，仅能远远听见白马寺前的喧嚣。从这座齐云塔的南门出去，钻入广阔的田野中，一座悄然遗留下来的小土包映入眼帘。这是一座稍微粗心一些便会看漏的简陋墓地。土坟前有一块明万历年间所立的石碑，上书：

　　——有唐忠臣狄梁公墓。

　　狄梁公，是的，他就是在则天武后时代，凭借诚实和顽强不屈的品格生存下来，堪称武后政治之良心的政治家——狄仁杰。若说此地真是他本人的埋葬地，倒也奇异地能让人信服，因为这确实像是那位大人终了一生的姿态。他的一生是怎样的呢？让我们结合武后和那个时代追溯一二吧（上述

齐云塔周边的情景是笔者1986年春天初次探访时的样子。现
在风景完全改变，塔附近成了尼寺，被高高的围墙围了起来，
不让人靠近）。

　　狄仁杰在久视元年（700）以71岁之龄去世，由此可知其
生于太宗贞观四年（630）。他比武后小七岁，但武后称他为
国老，给予了最大的尊敬。

　　狄仁杰祖籍并州太原（山西），距武后父亲武士彟出生的
并州文水县很近。虽说祖父和父亲做到了中层官僚，但他的
家族绝非名门，亦非高门。他本人考上当时日益受到关注的
科举明经科，从而踏入官场。如果此事发生在他20多岁那会

狄仁杰墓地

246 / 则 天 武 后

儿，则正处于武后进入高宗后宫、经过激烈的女人间的争斗最终夺得皇后之位的时期。因为既非关陇系又非旧贵族系的出身阶层、通过科举进入政界的履历、或者更广泛地说与武后同为并州人的共同籍贯，狄仁杰从一开始就具备被武后认可的资质。

狄仁杰名望提高的契机是以下事件。大概是两位守卫太宗墓地昭陵的负责人——名叫权善才和范怀义，不小心砍伐了陵上的柏木（侧柏，类似桧木的常青树）。狄仁杰当时是负责监督官吏的大理寺的官员，认为二人罪当免职，但听闻此事的高宗怒火中烧："父亲陵寝之柏被伐，如此轻易放过即是置朕于不孝之地。将那些家伙处斩！"

狄仁杰对此寸步不让，谆谆劝导："法有既定之刑罚，若破坏法律，君主任意决定刑罚，百姓到底要从哪里寻求处事依据呢？而且，虽说是陵上的柏树，但柏树就是柏树，如果仅因为柏树就要了两人的命，后世之人将如何评价陛下？"

高宗最终不得不听从了他的意见。这个过程体现了狄仁杰处理政治的基本观点，即必须公正地运用法律，宽容地对待下层弱者，严正地应对上面的当权者，由此才能维持整体平衡。为实现这一点，他要求自己忠于职守，摒除私心，诚心诚意地埋头苦干，并具备将这一态度贯彻到底的坚定信念和远见卓识。他知道，这种态度才是在复杂的政治状况中，尤其是在没有后盾的情况下生存下去的唯一武器。

还有这样一个故事。垂拱四年（688），豫州刺史越王李贞的叛乱被平定，狄仁杰以刺史身份被派遣过去收拾残局。当时，负责平定叛乱的张光辅乱后也留在当地，放任部下蛮横撒野。狄仁杰阻止他们，张上门责骂："区区一州长官，也敢轻视本元帅吗！"

狄仁杰掷地有声地说："越王一人搅乱河南，而将军率30万大军将之击溃后却纵容士兵为所欲为，无辜百姓深受涂炭之苦。这正是一贞死，百贞生！且官军进入当地之后，城中接连有人出降。但因将军容许部下杀戮降人作为功劳，以致鲜血将大地染成红色。这岂非万贞！"

他气势凛然，义正词严，张完全无法反驳。

在这次叛乱中，作为越王一党被判死刑者有五六百人，被贬为奴隶者达五千人。狄仁杰悄悄向武后进言："这些人看上去并非真心参与叛乱，而是被迫误入歧途。恳请陛下务必宽大处理。"

接受其意见的武后将刑罚改为全员流放至西北边境的丰州（内蒙古）。他们对这一处置十分感激。流放途中到达宁州（陕西）时，当地的长老前来迎接，并对他们说："救你们的一定是狄大人。"

实际上，宁州是狄仁杰之前的任地。因为他在任期间，境内秩序井然，百姓得以安居乐业，人们感激于此，建立德政碑为其歌功颂德。知晓狄仁杰作为的长老将事情告诉豫州流人，众人才知道真相。于是，他们连续三天在德政碑前表达感激，抵达丰州后又立刻再度立碑歌颂狄仁杰的功德。

狄仁杰在豫州顶撞张光辅的结果是被左迁。但他很快复起，被调回中央。这是武后的提拔。说起来，她注意到他正是由于他在豫州的一系列行动在她脑海里打下了烙印。尤其是关于被视为谋反者的州民的处置，他申请为他们减刑。在一不小心就容易被当作与叛乱方通谋的氛围中敢于提出减刑，不是一般的勇气可以做到。他对于职务的忠诚和认真令武后暗暗咋舌。这种人才有必要留在身边，她想。

于是，天授二年（691）九月，狄仁杰成为地官侍郎，以宰相身份被迎入中央。然而若是让他这种人大展身手，最束手束脚的便是酷吏们。要在此之前将他打倒，来俊臣立刻按照惯例捏造他意图谋反的罪名，将之打入大牢。从他成为宰相的那一刻起，这便是意料之中的情况。但是，不能就这么稀里糊涂地死，无论如何要活下来，狄仁杰在心底暗暗发誓。

这一时期有一个规定，在酷吏们调查案件时，初审就立刻认罪的人会减免死刑。狄仁杰

武后时期中央官名变更表

原名	光宅元年(684)变更名
中书省 中书令	凤阁 内史
门下省 侍中	鸾台 纳言
尚书省 左仆射 右仆射	文昌台 文昌左相 文昌右相
吏部 户部 礼部 兵部 刑部 工部	天官 地官 春官 夏官 秋官 冬官
御史台	左右肃政台

利用了这个规定。

"大周革命成功，万物为之一新。如我这般的唐朝旧臣甘心受戮。谋反是事实。"

他认了罪，但也不保证能活着从牢里出去。因为来俊臣想置他于死地的心情并没有改变。

之后，来俊臣手下一个叫王德寿的人偷偷来跟他搭话："我可以助您一臂之力，让您平安出去。不过前提是您出去之后要提拔我这边的杨执柔。"

仁杰问他如何提拔，他回答道："您做春官尚书时，提拔杨为下面的员外官就可以了。"

听到这话，狄仁杰以头撞柱，满脸血污地大喊："啊！天地神明啊，竟要令我行如此肮脏之事吗！"

看到他这个样子，王德寿害怕地作罢了。狄仁杰用这种形式拒绝了酷吏提出的背地交易。

但是，他并没有放弃活下去的念头。因为认了罪，监视变得松散，狄仁杰趁隙将冤罪写在被子的布条上，并将之撕碎藏进有棉絮的上衣中，说："因为天气转热，希望除去里面的棉絮"，让家人把棉衣带回去。家人疑惑地将棉絮取出来一看，发现了里面诉说冤罪的信。他的儿子惊恐地拿着信告到武后面前，武后立刻叫来来俊臣询问，来回答："一派胡言。此人下狱之后，不解衣冠，认识到自己的罪孽，正静静地等待处理。因为谋反的证据确凿，他已供认不讳。"

武后还是不放心，派使者去狄仁杰所在的牢房打探。来俊臣方面立刻令狄仁杰打扮整齐，若无其事地让使者察看，使者顾虑来俊臣，也没有仔细看清狄仁杰的样子。来又让王德寿代狄仁杰写"谢死表"（以死谢罪的表），让使者带回去。

使者的报告也不得要领，且提交了本人的"谢死表"这一书面文件。这到底是怎么回事？自己曾对他寄予厚望，即便是死刑，也必须见上一面，武后出于这些考虑，将狄仁杰从牢里提出来。这出乎来俊臣等人的意料。

武后问狄仁杰："你为何承认谋反？"

"如果不就此认罪，臣应该已被鞭笞而死。"

"那么，为何写谢死表？"

"臣不记得自己写过那种东西。"

笔迹鉴定的结果自不必说。狄仁杰就这样凭借坚忍不拔的毅力和充分的计算，从酷吏一手遮天的牢狱世界中成功雪罪生还。当然，这也得益于武后的强力支持。

在死里逃生的狄仁杰面前，有一件大工作等待处理。这项工作无论是酷吏还是武家人，抑或薛怀义等都不能成事。武后也因此不想失去狄仁杰这种人才。

那便是对契丹侵略这一紧急情况的处理。朝野期待以此为契机对少数民族政策进行整体调整。万岁通天元年（696）十月，狄仁杰被任命为魏州刺史，魏州是阻挡契丹南下的河北据点。

武后正式朝着权力宝座迈进后，这一时期的国政和社会全部都向内倾斜。因为武后为实现自己的野心，将精力和关注点都集中于国内政治。其结果是对北方民族等施加的压力变弱，太宗治下确立的羁縻体制不可避免地产生松动。

羁縻体制就是以承认诸民族、部族的习俗和自治为前提，将他们整体纳入中国统治之下的一种治理形式。以军事力量威慑各方的都护府构成该体制的核心力量，其中驻扎着大量从唐朝本土派来的士兵。然而太宗之后已经过去了半个世纪的岁月，羁縻体制下的诸民族内部民族意识日渐高涨，不愿永居其地。同时，在唐朝方面的士兵中，厌倦长期屯驻严酷边境的情绪日益严重，甚至到了兵力补给不足的程度。

唐朝北部边境地带就这样突然骚动起来。打头阵者恰好是半个世纪以来被压制在唐朝之下的突厥（东突厥）。贞观四年（630）颉利可汗降唐之后，突厥部众被迁至内蒙古以南、阴山山脉一带，接受唐的统治。永淳元年（682），继承颉利血脉的阿史那氏骨咄禄终于聚集旧部众起兵。这就是突厥第二帝国，骨咄禄是其复兴的第一代颉跌利施可汗。随后他们回归原来的根据地，即蒙古高原的乌德鞬山，之后反复自此地侵犯中国。

东北地区当时亦存在众多民族。唐在营州（辽宁）设置据点，极力将他们集中在附近进行羁縻统治。营州这一城市由此成长为弥漫着多民族交往的独特氛围的国际都市，这一点暂不赘述。自唐初便加入这一统治体制之下的民族是蒙古系游牧民族契丹族，唐以其君长为松漠都督，赐唐室的李姓，给予优待，并赐予其属下的部族长州刺史头衔。他们在与唐的良好关系中扎实地积聚力量，同时民族意识也渐渐觉醒。

在这种时候，突厥实现了独立。这当然不可能不刺激到契丹，其与唐的关系开始紧张起来。正当此时，营州地区发生严重饥荒，而当时的营州都督赵文翙（赵翙）不仅不救济契丹人，反而将部族长们当作奴仆一般对待。就这样，极度愤怒不满的契丹人，在君长李尽忠和部族长之一孙万荣带领下据营州起义。这是武后万岁通天元年（696）的事情。

契丹起兵后势如破竹，一发不可收拾，自檀州经幽州攻下冀州，又进围瀛洲，先锋直抵赵州。与之相对，唐朝方面也陆续派出生力军，但结果都被打败。若其以此势头南下，洛阳亦会陷于危殆。在这紧迫的形势中，狄仁杰被任命为魏州刺史。

最终，契丹南下的脚步被阻挡在河北中心一带。战线胶着之时，契丹的大本营被突厥从背后袭击，再加上内部的叛变，势力土崩瓦解。负隅顽抗的孙万荣逃回幽州附近，力竭为家奴所杀。这时是叛乱发生翌年的六月。

契丹族的叛乱反映出的问题很严重。这不得不说是唐长久以来过于关注内政的恶果。从这个意义上说，武后责任巨大。在这场叛乱即将被平定之时，来俊臣被杀，酷吏政治结束，这也带有对武后偏重内政的姿态进行反省的意味。

另外，这一事件也暴露出一个事实，即唐朝方面的兵力对契丹军几乎没有抵抗之力。这无疑是支撑国家军队的府兵

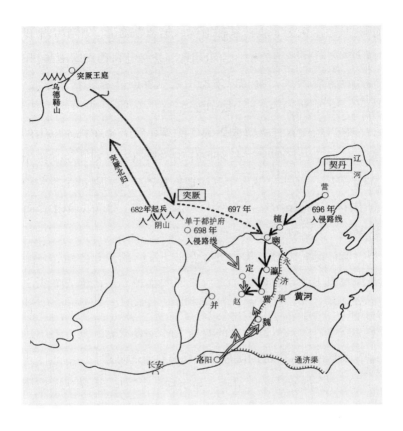

契丹·突厥进攻路线图

制的问题。唐为了应对这种情况，迅速在河北、山东一带设置武骑团（团结兵）这一自卫组织，之后这种组织继续推广，府兵制逐渐变质。唐初以来所沿袭制度的严重疲软和漏洞，在这一事件中给人留下深刻印象。

魏州刺史狄仁杰首先做的工作是将被聚集在魏州城内的农民放回生产场所。这是对前任刺史征调农民加固城池的做法的变更。他说："敌人尚远。即便敌人到来，抗敌也是我等的工作，与农民无关。"若不好好安定民生，无论是政治还是战争都不会成功，这是他一贯的态度。

契丹退兵之后，狄仁杰努力安抚乱后的河北各地，一度担任幽州（北京）都督，之后又回到都城。这次他在宰相之外，又兼任纳言这一职位。纳言是当时鸾台（门下省）的长官，地位尊崇，可以对大的政治方针发表意见。他立刻围绕这一时期一直在考虑的对外政策提出自己的见解。

狄仁杰的叙述条理清晰，易于理解："如今民众生活疲弊至极，其原因在于近年与突厥和契丹等作战，又派遣士兵保卫遥远西域的丝绸之路，再加上对意在统治朝鲜的安东都护府的补给等，民力已经不足以支撑下去。说到底，向西域和朝鲜输送物资和兵员对我大唐而言到底有多少意义？为今之计应巩固国家基础，安定百姓生活。如此，应行之事仅有一项，即果断缩小扩张到极限的国境线、防卫线，将西域托付给西突厥，复兴高句丽王室并将朝鲜地区交予他们。接着恢复原本的国境，减轻国内赋役，彻底专务防守，这样一来突厥和契丹等自然不击自溃。"

　　武后没有采纳他的意见。但从当时的状况来看，唐已经到了迟早必须向这一方向转变的时期。狄仁杰冷静地看清了这一点，预先给出提醒。

　　狄仁杰冷静的目光又转向武后的身后事。他在认可武后其人之伟大的同时，仍将这一时期看作异常的时代，是从唐王朝衍生出的虚无之花。武后已经75岁有余，衰老已无所遁形。她的时代即将结束。之后如何将政权平稳过渡到之前唐朝的形态？狄仁杰为此倾注了全力。他对异民族政策的谏言也与此相关。

　　狄仁杰回归中央之际，武后的身后事，即如何处理皇太子问题正成为争论焦点。武承嗣和武三思等积极推动以武家人为皇太子，狄仁杰也加入争论："说到底，您觉得姑甥与母子哪种关系更为亲密？若以皇子为嗣，则陛下千秋万岁后，灵魂受祀于太庙，血统无论何时都不会断绝。自古以来，从未听闻外甥做天子，在太庙祭祀姑姑之类的事情。"

　　"这是朕的家事，和你没关系。"武后说出了过去自己当皇后时，李勣迫于形势准备的"家事"一词，但是以狄仁杰的性格并不会就此罢手。

　　"王者以四海为家。陛下没有单纯的家事。君为元首，臣为肱骨，君臣一体。况且臣身为宰相，岂能无关？"

　　狄仁杰充分预料到武后最终可能以一贯的"家事"说法

来逃避话题。他反过来采用武后在《臣轨》中提出的君臣同体论，完全打破了她的借口。

狄仁杰的一番话道理肃然，胜过武后一筹。武后想反驳也没有余地。她想，这恐怕代表了社会上大多数人的想法吧。她已经没有了过去将武周革命进行到底的精神和激情。那时的她为了贯彻自己的意志无所不为，然而当年的事业已经成功，现在争论的关键在于自己的身后事。她已经没有热情罔顾多数人的反对，为了武姓王朝的存续甚至不惜断绝自己的直系血脉。她静静地做出决断，突然流露出一声安心的叹息。

之后一个月左右的某天，狄仁杰被武后私下叫过去。武后再次提起继嗣问题。狄仁杰扑簌簌地流着泪，叙说着和平常一样的意见。武后让他拉开背后的帐子，那里站着本应在房州流放的庐陵王。武后对着一脸震惊的狄仁杰，略显不自然地说："还你储君！"

狄仁杰流下感激的泪水，感谢武后的决定，之后接着说："庐陵王还都之事无人知晓。即使说出去恐怕人们也不会当真。"

确实如此，武后索性先让庐陵王回到洛阳郊外的龙门，然后在百姓的见证下，以隆重而盛大的仪式将他迎进城中。

顺便一提，也有观点认为此事为天方夜谭。即司马光的《资治通鉴》。他认为将庐陵王从幽禁处迎回都城立为太子这一决定早已公开。因为房州与都城距离遥远，使者和庐陵王一行人往来的话，当然不可能不被外人看见。但是不那么钻牛角尖也能说通吧。以武后的力量，将庐陵王一个人神不知鬼不觉地运进宫中，恐怕也不是那么难。毋宁说这种做法表现出武后想吓一吓狄仁杰的心思和她的淘气以及二人心灵间的交流，实在很有趣。

就这样，圣历元年（698）九月，庐陵王李显（哲）正式复位为皇太子。这是他被赶下帝位后的第15年。与此同时，弟弟李旦辞去皇嗣之位。武后即位以来的悬案终于解决。

要说李显为何在此时复位皇太子，亦与突厥入侵有关。正好这一时期，突厥进攻河北。当时突厥进入第二代的默啜可汗（阿波干可汗）时代。默啜提出让自己的女儿与唐室成员结亲，作为回应，武后决定让武承嗣的儿子武延秀娶她为妻。然而默啜放言："我等过去受唐室恩义，想与唐李氏联姻，而不是什么武氏。"对使者带来的礼品也吹毛求疵，并侵犯河北。

突厥的势力比前述的契丹更强，一口气打到河北的中央地带。相对而言中国方面没有与之正面对抗的气势。虽募集士兵，却一个月都未募满千人，狄仁杰抓住这一形势逼迫武后作出决断。现在不决定皇太子的话，人民不能安心一致抗敌，何况突厥要求与李氏结亲，正是为了动摇人心，等等。

皇太子立刻被任命为河北道行军元帅。当然，辅佐太子、实际指挥作战的是被任命为河北道行军副元帅的狄仁杰。听闻皇太子出马，人们喜不自胜，争先恐后地前来参军，人数转眼间增加到5万。即使背后是狄仁杰刻意为之，这一事件也显示出当时民众寄托在唐李氏身上的情感之强烈。

突厥在这之后不久便退兵了。不仅在于他们已经抢到了所要的东西，武后体制的稳定也是理由之一。默啜并不希望与中国方面全面对立。

狄仁杰平日还留心网罗资质优异的人才，他举荐的人才达数十人之多，其中代表人物有张柬之。

某日，武后与狄仁杰对话：

"朕在寻找能够胜任工作的英才，卿有推荐吗？"

"陛下想让他担任何职？"

"朕想要的是做宰相用的人才。"

"若要文章和履历优异，现在的宰相李峤和苏味道已经足够。陛下是想要胜过他们的卓越人才吗？"

"是的，正是如此。"

"那样的话，荆州（湖北）长史张柬之最为合适。此人长期怀才不遇，虽说上了年纪，但必定会为国家鞠躬尽瘁。"

武后立刻任命张柬之为洛州司马，将他从一介地方副长官提拔为中央佐官。张柬之已经75岁左右了。之后某天，武后又问狄仁杰是否有推荐的贤才。他回答："前段时间推荐的张柬之陛下还没有用。"

"不，朕让他做洛州司马了。"

"臣是为宰相之职所荐，而非洛州司马。"

此外，狄仁杰还提拔了桓彦范、敬晖、姚崇（姚元崇）

等。这些人成为终结武后时代的核心人物。姚崇更是进一步大展身手，与宋璟一起成为缔造玄宗时代"开元盛世"的当事人。狄仁杰在这个层面上，还发挥了连接下一个时代的作用。

狄仁杰基本完成了自己的使命，于久视元年（700）九月因病去世。这也可以说是寿终正寝吧。武后对他的死深感惋惜，废朝三日。

狄仁杰算是完好地活过了这个严酷的时代。创造这个时代的也好，给予他活跃舞台的也好，都是武后这一人物。如果没有与她邂逅，狄仁杰做不出留名青史的功绩。武后重用这等人物并充分发挥他的才能，其伟大之处也有必要被重新认识吧。

第二十章

武周朝的终焉

杀掉薛怀义之后，武后的心情并不愉快。确实，那个男人任性妄为，遭到人们反感，给武后增添了不可估量的麻烦，理当处死。但是，他全心全意地念着武后。对于他有些邪恶的性格，她有一种像对待自己的孩子一般的亲近感，也有一种窥见自己内心的紧张感，此外亦存在出于男女关系的羞耻之情。

心里就像一下子开了一个窟窿，正当她囿于这种感情的时候，女儿太平公主将一个年轻人带到武后面前。她希望能借此稍微填补母亲的寂寞。

年轻人的名字叫张昌宗。他出身于定州（中山①、河北）张氏，并不是特别高的门第。只是该家族中出了一位叫张行成的人物，在太宗、高宗时期官至宰相，深受两帝信赖。张

---

① 此处的"中山"指春秋战国时期的中山国，其国位于今河北省中部太行山东麓一带，最初的都城顾即处于今河北定州境内。

晚年申请隐退时，高宗强烈地挽留他，"卿从潜邸以来就是朕的心腹，难道要舍朕而去吗？"信赖之深可见一斑。张昌宗是他兄长的孙子，也就是族孙。

张昌宗是一位姿容出色的青年，年纪不知是否有20岁。他皮肤白皙、眉眼和嘴型都很清秀，且谙熟歌舞音曲。武后一见便十分中意。不久，张昌宗提出："我还有一位叫张易之的兄长，比我有过之而无不及，且精通仙药制作。恳请陛下让他和我一起服侍您。"

张易之也是美男子。之后，武后迷上这二人，总是让他们精心装扮、身着华服在旁边侍奉。武后这段时间的忧郁心情，因宠爱宛如孙子一般的二人而一扫而空，完全忘掉了薛怀义这个人。他们是武后最后阶段的男宠。

武后为了让宠爱的二人在宫中有所表现，新设控鹤府这一机构，久视元年（700）改为奉宸府，以张易之为负责人。控鹤府聚集了她宠爱的男子和文士，形成了一个以张氏兄弟为中心的沙龙。说到文士，自然会想到武后曾经的智囊、参与其夺权演出的北门学士。武后当然也想到了这一点，有意地将这些人聚集在一起。

但是，他们没有北门学士的实力和魄力。首先，时代环境不同。那时是急欲创造新政权而热情高涨的阶段，现在是已经达成目标而进入守成的时期。说到现在这些人的工作，要么是喝着酒评论外朝朝士互相戏谑，要么一天到晚玩色子赌博，抑或被带到内殿围着武后宴饮。

武后所书升仙太子碑碑额（飞白书）

　　某次，在内殿的宴席上，武三思评价张昌宗，说他是王子晋的化身。王子晋指古代周灵王的太子晋，擅长吹笙，传说他之后登上嵩山，修仙问道三十余年，最终乘白鹤飞升。武后因王子晋是出身于周王室的仙人，与自家先祖有关，尊崇他为升仙太子。圣历二年（699）二月，武后在去嵩山的途中，拜谒位于缑氏山上的升仙太子庙。她当时亲笔书写了那座因飞白书著称的"升仙太子碑"。

　　如此即是将武后宠爱的张昌宗比作武后推崇的王子晋。武三思等早就出入张氏兄弟的住处，为他们执马辔等，大肆讨好二人，这次也一如既往花言巧语地奉承他们。听到这句话，武后也很中意，令昌宗身着羽衣，骑在木制的鹤上吹笙，宛如王子晋飞向天空一般。乐队在旁边热闹地吹吹打打，周围人看到这个场景也欢呼喝彩。他们沉迷于此等有失体统的事情。

但是，内朝的这种情形若是泄露到外面，外朝的朝士们大概会散布丑闻性的流言，那样将有损武后的威严。武后很在意世间的评价，把薛怀义纳入宫中时便是如此。薛怀义那时被扮成僧人，又加入薛氏一族粉饰身份。与此相对，武后为张氏兄弟准备的工作是编纂《三教珠英》这一类书。通过参与这项工作，他们获得常在武后身边伺候的绝好借口。

类书可以说是百科辞典。该书大概就是将儒佛道三教相关语句的典故出处和使用事例编成辞典。此书现已散佚，但已知是一套一千三百卷的大型类书，以张昌宗为首，其下李峤、崔湜、张说、宋之问等二十六位杰出文人参与编写。因此，该书也不能全说是仅仅为掩人耳目而策划，若能留存下来，必定是十分珍贵的历史文献。

至晚年最后阶段，武后很少像过去那样公开出现在朝堂。她平日多在迎仙宫的集仙殿，被张昌宗兄弟等献媚者环绕着悠闲度日。她目前最关心的是尽量为宠爱的张氏兄弟多做些事情。张氏兄弟也仗着她的宠爱为所欲为，与外朝产生摩擦。

这时发生了一件事。皇太子的长子李重润与妹妹永泰郡主及她的丈夫、武承嗣之子武延基三人私下议论张易之等在宫中旁若无人的样子。他们只是在某次不经意的对话中涉及这一话题，之后武延基说漏嘴，传到张氏兄弟的耳中。武后听到这件事，命令三人立刻自杀。

李重润此时19岁，他性情爽直，未来被寄予厚望。其罪责本不足以致死，人们为之悼惜。之后中宗伤于此事，赠重润以懿德太子、永泰郡主以永泰公主的谥号，和中宗的兄长、同样死于武后之手的李贤一起，特意在高宗长眠的乾陵旁边为他们营造了陵墓。中华人民共和国成立后这三人的墓先后被发掘，使我们现在得以亲见那个地下世界。从三墓的规模、构造以及留下的石椁和壁画等可以窥见，中宗是多么思念他们并希望他们安然长眠。

只是最好注意一下，李重润等三人的死是武后最后一次对至亲、亲戚出手。从尚未取名的婴儿开始，到李弘、李贤两个儿子，以及亲姐姐和她的儿子，再加上异母兄长和堂兄弟们，她杀害了多少亲人啊！如今又是三位至亲。正好也到该结束的时候了吧。

并且，她能为张氏兄弟做的事也渐渐到了极限。有一件朝堂上的故事，充分体现了这一点。

在武后手下，曾与酷吏正面冲突的刚直之士魏元忠这一时期升任宰相。以他的性格，不可能对张氏兄弟的专横视而不见。他完全与之对立，甚至到了某次对武后直言"请除君侧之小人"的程度。小人当然是指张氏兄弟。见此，张昌宗害怕若武后有个万一，失去后盾的自己兄弟结局难测。他决定尽早除掉魏元忠，于是诬告他谋反："魏元忠与高戬私下见面，密谋'皇帝年老，何不拥立太子发动政变'。"

高戬是太平公主的心腹。公主最初亲近张易之等，但后来逐渐疏远了他们。张氏兄弟想要通过这个机会将公主一并除掉。

魏元忠二人立刻被打入大牢，不久令他们在朝堂上、在武后和皇太子面前分辨黑白。张昌宗方面令张说做证人。张说是奉宸府成员，文才出众，颇有名气，能言善辩，安排他作证是为了增强说服力。张说也同意了按他们安排的回答。听闻此事，反张派的人积极做张说的工作。如宋璟言辞恳切地劝说他："不要囿于眼前的名利而与此等邪恶小人为伍。若因此事被左迁，您将有君子之芳名。假使是最坏的死刑，在下也会倾尽全力保护您，哪怕最后与您一道赴死。留名万代，正在此时！"

到了那一天，魏元忠和高戬二人在满座臣僚的注目下被带上来。张昌宗和魏元忠立刻就企图谋反的指控是否属实展开激烈辩论，反反复复没有结果。之后张说以证人身份被叫进来。他一直很纠结。这一刻关系到自己的将来，到底选哪一方更为有利？面对一直沉默的张说，张昌宗口吻严厉地催促他。张说心中有了决断："正如各位所见，就连在陛下面前，张昌宗对我都如此盛气凌人。何况在外面，何种情形诸位都能料想到吧。现在我说实话。我从未听魏元忠说过那种话，只是张昌宗逼我做假证而已。"

张氏兄弟连忙大叫："张说与魏元忠是同党。"

武后也站在张氏兄弟一边，下令："张说言辞反复，为人没有操守，连他一起调查。"张氏兄弟的企图因为张说意料之外的证言而崩溃。他们慌乱起来，反过来给了反张派勇气。

一位叫朱敬则的人说："魏元忠性情忠正，张说亦无罪过，若是处罚他们，会令天下失望。"苏安恒甚至进一步放言："如今民众苦于赋役沉重，这种时候此等荒唐之事横行，若再乱用刑法，矛盾不知将会以何种形式爆发。若到了那一步，陛下打算如何防范？"张易之等越发愤怒，欲杀掉这二人，但朝士中又有其他人出手相救，他们什么也做不了。

最终，这次谋反事件的结果是魏元忠和高戬两人流放岭表（广东、广西）、张说也被左迁为岭表某县官。张氏兄弟策划的杀害魏元忠的计划遭到挫折。他们没有过去酷吏那般的力量，做不到将流罪之人进一步逼迫至死。

而且，他们失算了。他们原本有意利用这次案件，在击垮魏元忠的同时将爪牙伸到外朝，即确立内朝相对于外朝的优势地位。可是最终不仅没能做到，反而加强了外朝的团结，并暴露出张氏兄弟不能攻破外朝联合这一能力上的极限。

武后此时也不能不感到自己已经不复往年的威势。被判流罪的魏元忠临行前来向她辞别，说："老朽年岁已高。恐怕再难见到陛下。只是陛下日后恐怕会有想起我的时候。"

武后问他这话是什么意思，他指着旁边的张氏兄弟，语气尖锐地断言："因为这两个小子会成为祸乱之源。"

二人连忙拜倒在武后面前，拼命否认绝不会有那一天。看到这样的情景，武后只想不要再多生事端了，命魏元忠赶紧退下。

不管怎样，以正规官僚机构为基础的外朝借此契机，确立了相对于在武后身边服侍、依存于私人关系的张昌宗等内朝方面的优势地位。武后政治一贯是在内朝强于外朝的模式中运行，其逆转自此时发端。在这种情况下，武后已经不再能表达明确的意志。这是长安三年（703）九月左右的事情。

武后晚年的最后阶段使用"长安"这一年号。这是为了纪念武后行幸过去的居所长安。改元时间是大足元年（701）十月。

这着实是武后时隔许久后再访长安。她在永徽六年（655）成为皇后，两年后即显庆二年（657）第一次去洛阳，之后便开始将重心放在洛阳，每一年或几年一次在洛阳和长安之间往返。她最后一次到长安是永隆元年（680）十月，一年半后的永淳元年（682）四月返回洛阳，此后改洛阳之名为神都并作为首都，再未踏足过长安。算起来一共是19年、几乎20年的久违了。

长安和洛阳之间的距离约350千米，乘着舆和马车摇摇晃晃大概需要半个月，途中必须经过雄踞着自古以来闻名遐迩的潼关和函谷关的交通不便路段。武后想通过这条路进入老巢长安，对于年龄已近80岁的她而言，这绝非轻松的旅程。

她为什么这个时候决定去长安呢?

她感到自己的晚年已经时日无多。这样一想,那座出生、成长的长安城便浮现在她脑海中。埋葬了自己的青春、燃烧过激烈的嫉妒和憎恨之情的宫城依然伫立在那里。围绕着皇后之位,将两位女性拉下马并在激烈的情绪驱使下将她们折磨致死也是在那里。那些年轻时的各色回忆,对现在的她而言全部都成了遥远的、令人怀念的记忆。死之前想要再一次踏上那片土地,将它烙印在自己的眼睛里,这种想法驱使她做了如此决定。

她在长安停留了恰好两年,于长安三年(703)十月回到洛阳。她有一种完成任务的感慨。但是,她身边开始飘荡着比以前更为紧张的氛围。这不言而喻是朝中反张氏兄弟的气势高涨及张昌宗等拼命活动与之对抗的结果。

反张派把张昌宗等逼得最为走投无路的事件发生在翌年七月。张氏兄弟共五人,昌宗是幺子,上面是易之,另外有三位兄长名为昌期、昌仪、同休。这一时期首先是三位兄长因受贿罪被逮捕。接着下面的易之、昌宗二人同样因受贿罪被告发。据说他们的受贿金额合计达四千余缗(一缗是钱一千文)。有这样一个故事在一定程度上反映了他们的受贿情况。

张昌仪做洛阳县令时,对请托来者不拒。某次早朝,他骑马在路上走时,一位姓薛的选人拦在马前,献上履历书和五十两黄金,拜托他介绍职务。选人指科举及第后等待授职的人。昌仪将黄金收入怀中，只把履历书给了一个叫张锡的官吏，命他好好处理。但张锡把那张纸弄丢了，再去询问昌仪时，他大怒："我怎么可能记得！反正是一个姓薛的家伙给的！"张锡不得已，将待考选名单里所有薛姓之人都挑出来授予了官职。

兄弟五人的受贿案件证据齐全，不能置之不理。但是武后想设法让易之和昌宗二人留在自己身边，不要被免官。见此，内史杨再思伸出援手："张昌宗先前制作神丹，陛下服用之后十分有效。这正是对国家最大的功绩。"

杨再思此人属于张派，虽是重臣但为人轻浮。某次在张派人员的酒席上，其中一人称赞张昌宗的美貌，说："六郎（昌宗的爱称）的容貌如莲花一般"，杨再思立即打断说："不，不对，是莲花似六郎。"武后以此人的言论为由令张氏兄弟二人复职了。

接着，宰相韦安石再次告发了张易之等的罪行。武后勉强让韦安石和另一位宰相唐休璟调查取证，但二人在调查途中突然被派至地方，韦兼任扬州都督府长史，唐兼任幽州都督、安东都护，疑案再次被稀里糊涂地了结。

将张氏二人调离武后身边的尝试最终没有成功。张氏兄弟无疑也在拼命活动。如果被调离武后身边，其前途命运不言自明。因为他们在外朝没有立足之地，而且最重要的是，他们为人们所厌恶。武后也不想放开宠爱的二人，她也知道，如果放手的话自己将彻底如同孤家寡人了。武后虽说年老，但仍不乏判断周遭状况的能力，丝毫没有自己主动从权力宝座上下来、让位给皇太子的打算。

时间走到年末。大概是由于冬天的寒冷，武后此时已经不能从床上起身。张昌宗等慌了。该来的终于要来了吗？他们打算彻底隐瞒武后的病情，连大臣也不让靠近。

这时候，一个叫李弘泰的看相人说张昌宗有天子之相，劝他在本籍定州（河北）营建佛寺。这种来历不明的话，张昌宗等听到后却立刻上了心，被逼入绝境的他们计划将京城的十名高僧移到定州的自家寺里。

在这种情况下，先前被狄仁杰托付后事推荐为宰相的张柬之开始行动。他劝说同为宰相的崔玄暐、敬晖、桓彦范、袁恕己等也加入进来。几人取得一致，问题在于能调动兵力的人选。进入武后时代之后，相对于由府兵构成的南衙军，作为皇帝亲卫军的左右羽林军不断被充实、强化，成为中央军队的核心力量，因此可以说谁掌握了羽林军谁就能笑到最后。

于是，张柬之接近当时担任右羽林军大将军的李多祚，他是靺鞨酋长的后裔，三十年间一直忠心耿耿地负责北门宿卫。张柬之对他说："将军如今以武臣身份位极人臣是托了大帝高宗陛下的福吧。"

"正是如此。"

"那么，将军是否有报此恩之心？如今大帝的两位儿子因张氏兄弟濒临危殆。将军报答大恩岂非正在此时！"

"您说得对。我将忘记妻儿、赌上身家性命听从宰相的命令!"李多祚流着泪宣誓忠诚。

张柬之成为宰相之后,尤为留心羽林军的人事,如安排知根知底的杨元琰为右羽林军将军等。万事俱备之时,恰巧姚元崇从灵武(宁夏)任地回来。他先前为张易之等所厌,被出为灵武道行军大总管。这样一来人就到齐了。

神龙元年(705)正月二十二日(癸卯),那一天终于来了。按照先前的安排,这天早上,张柬之等首先率五百羽林军至玄武门,同时,遣李多祚等到东宫迎接皇太子。孰料太子却恐惧迟疑不愿行动,说:"张氏兄弟诚然当诛,但如果惊扰武后陛下,妨碍其龙体该当如何?不能再等等吗?"李多祚等语气强硬地说:"诸将为了国家舍家弃业,事到如今殿下却磨磨蹭蹭的算什么呢。请殿下出来。"强行将不情愿的皇太子扶上马。

政变的军队攻破玄武门,直指武后居住的迎仙宫(集仙殿)。他们在通往宫殿内部的廊下偶遇目标张易之和张昌宗,当场斩杀了二人。计划意外得顺利。士兵立刻包围长生殿。张柬之拥着皇太子,闯进武后的寝宫。

武后急忙起身,大喊:"谁人发动叛乱?"张柬之回答:"因为张易之和张昌宗意图谋反,臣等在太子的带领下诛杀了他们。为了保守秘密而未事先通知陛下,扰乱宫禁,罪该万死。"

于是武后看着皇太子说:"是你啊,逆贼已被诛杀,快回东宫去。"

听到这话，旁边的桓彦范站出来，用决然的口吻逼迫武后说："太子已经没有回去的必要了。过去高宗陛下托付给陛下的爱子已经成长得如此出色，人们热切期盼着李氏的时代。百官不忘太宗陛下和高宗陛下的恩义，拥立太子诛杀贼臣。请陛下务必将皇位禅予太子，以顺万民之望。"

武后认清了自己败于权力斗争的现实。这一幕从立儿子李显为皇太子时就已经预料到了。该来的终于来了，之后只有静静地顺应时势退出舞台。下定决心的她表情交错着一抹寂寞和卸下重担的安心。

政变成功了。武后还政太子、武周回归李唐的行动立刻有条不紊地展开。二十五日，中宗即位。二十六日，武后出宫城，被移至西边的上阳宫。随后在翌月的二月四日，国号改回唐，全部体制回归唐的旧制，由此正式宣告唐朝复辟。

武后之后再未出上阳宫一步，她静静地躺在病床上，除了偶尔来访的儿子中宗以外谁也不见。她离开宫城之时，只有姚元崇一人扑簌簌地掉泪。张柬之担心地对他说："这种时候哭泣会影响你的将来啊。"姚元崇答道："我知道，但是情难自抑。先前诛杀张氏兄弟等逆臣是臣子的本分，为长期奉仕的旧主流泪难道不也是臣子的节义吗？"

虽说人心无常，但姚元崇此人表现出了不渝的忠义，只因这一点武后也该瞑目了吧。

临近这一年年末的十一月二十六日，武后静静地去世了。中宗赠谥"则天大圣皇后"，世称的则天武后即是由此。则天即"则于天"，出自《论语·泰伯篇》：

　　　　大哉尧之为君也！巍巍乎！唯天为大，唯尧则之。①

自古以来以明君之名闻于后世的尧，只有那位尧能够如臂使指地运用广袤无边的天的法则。同样是将天当作己物随意支配的伟大人物，这大概是中宗心中母亲一生的写照吧。

新一年的神龙二年五月十八日，武后被埋葬在丈夫沉睡的乾陵。这是武后自己的心愿。这座陵墓位于长安西北80公里，依梁山这一自然山体修建，当时周边建有众多宫殿楼阁，由内外两重城墙环绕，是一片巨大的建筑群。这是武后从生前就致力修建的结果。

死后与丈夫高宗一起在黄泉之国生活，她的想法仅此而已。她夺取唐朝，建立独立的武周王朝，甚至成为唯一的女帝，然而最终的归宿却是唐陵乾陵。她或许是走了一个大大的弯路。

今天，陵前残存着各种各样的石刻，有翼马、鸵鸟、石马及石人等等。此外还有两座巨大的石碑被立于神道两侧，

---

① (梁)皇侃：《论语义疏》卷四《泰伯第八》，北京：中华书局，2013年，第199页。

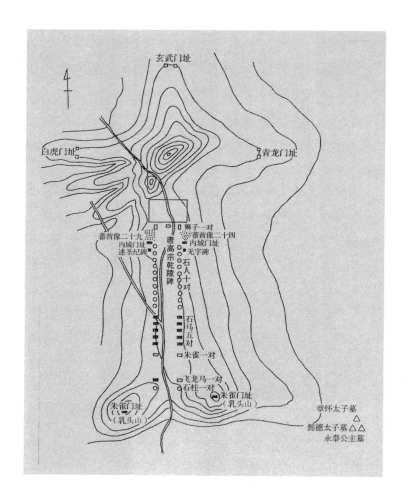

唐乾陵全貌图

碑高6.3米，宽度近2米。位于面向陵墓左侧即道路西侧的叫
"述圣纪碑"，此碑是在高宗下葬的文明元年（684）八月之
前，武后为歌颂高宗生前功绩而撰，由尚未下台的中宗书写。

　　另外一方东侧的碑是以"无字碑"之称闻名的武后的碑。
这座巨大的碑实际上通体未刻一字（现在上面有后世所刻的
文字）。

　　武后被埋葬在乾陵，她在这座碑中倾注了自己的思想。
陵墓完完全全是双人墓，自己并非作为从属葬入高宗身边。
既然双方对等，记述两人事迹的碑也必须形制对等。而且，
她连细节也要讲究。首先，自己的碑放在东侧，丈夫的置于
西侧。在中国人的排列观念里，即说到所谓的"昭穆"，南面左侧也就是东侧为上位。两座碑不止形状，高度和大小也相同，但高宗的碑顶上是宫殿型的屋顶，而武后的"无字碑"碑首则雕刻着螭首（蛟龙的头），表明其独立性。

　　那么，为什么必须是"无字碑"呢？有两种说法。一种是武后认

乾陵无字碑

为自己所开创的事业和功绩伟大至极，非文字所能表达；另一种是她将评价委于后人之手。哪一种理由都合乎逻辑。

她预感到自己在后世大概会被推上风口浪尖，遭受激烈的毁誉褒贬。服侍过两位丈夫，杀过许多人，甚至建立新朝，作为女人站到了时代的顶点。但自己曾经的作为不是那些形容可以动摇的。不过一旦行诸文字，就会被强行拉入和男性同一伦理、同一性质的世界。大概她最终得出的结论是，沉默不语才正是最丰富的表达方式和最强的武器。

"无字碑"现在依然矗立在陵前，向世人发送着无言的信息。

第二十一章
武后残影

　　武后这位女性的一生就这么结束了，但是她热烈的活法
在死后的一段时期内仍在政界留有残影。一方面是女帝的身
份，另一方面在于武家人，二者相互缠绕，创造出政治状况
错综复杂的"后武后时代"。在她的人生终结之际，姑且对这
一点做一考察。

　　原本张柬之等发动政变的真正目的就在于则天武后自身，
并非只是除去张氏兄弟。因此，将扎根官场的武氏一族一网
打尽，或者至少处罚领头的武三思等数人，必须进入后续射
程。但是政变派一着不慎，还没来得及迈出那一步，事件就
被迫结束了。

　　张柬之等屡次申请诛杀武家人，但中宗充耳不闻。张柬
之悔之莫及："武周革命之时，李唐宗室几乎被屠戮殆尽。然
而此次革命，武家人却毫发无伤，安然度日。怎会有如此荒
唐之事！"

他们的失算也是由于必须拥戴中宗这个完全没有主见、丝毫靠不住的男人为首。

活下来的武氏一族的头目自然是武三思。他是一个很难对付的人。也曾企图成为武后的继承人的他，在张昌宗得势后就去接近张，这次政变后，又在被划入张昌宗一派之前跑到中宗皇后韦氏身边。原本他与韦后就是亲家关系，中宗夫妇的女儿安乐公主和他的儿子武崇训是夫妻。

并且，有人在他和韦氏之间撮合，即上官婉儿这位女性。听到上官之姓，自然会回忆起一个人吧。没错，就是上官仪，他在武后尚为皇后时向高宗进言废除其位，事发后被处死。实际上，上官婉儿正是上官仪的孙女，因祖父之故被没为宫婢，但由于她天资聪颖且继承了祖父擅长诗文的血脉，为武后所宠爱。到了中宗时代，她摇身一变，被赐予昭容（正二品）这一女官位份。

上官婉儿和武三思之前就发生了关系。婉儿担心走投无路的情人，将他举荐给中宗和韦皇后。于是，他花言巧语地讨好二人，彻底取得中宗信任，最后还与韦氏私通。武三思不仅度过了危机，更讽刺的是，他还爬到了成功革命的张柬之等人头上。

另外，还有一位代表这一时代的女性，那就是中宗的亲妹妹太平公主。她在武后时代末期，与张昌宗等对立，远离了他们。因此，政变后她在政界培养了一股潜在的势力。算上她，武后之后的代表性女性就聚齐了。连接她们的是武三思及其身后的武家人。太平公主不仅是武后的女儿，而且与武三思的堂兄弟武攸暨结为夫妇。

进入中宗时代，韦后再次感到自己的世界转回来了。过去被幽禁在房州时，她不断鼓励因不知何时会被杀掉而吓得发抖的丈夫，为了将来一声不响地忍耐着，那些经历现在得到了回报。中宗即位后依然没有改变提心吊胆的生活状态，只一味地听从韦氏吩咐，政治实权被掌握在她手中。

上官婉儿大肆向韦后灌输武后的故事，即暗示她有机会的话要代替中宗登上权力宝座。女儿安乐公主也赞同这一想法。安乐公主是中宗夫妇在最为失意的房州时期所生的小女儿，极为受宠，可谓含在嘴里怕化了一般，娇惯得十分任性。武三思也加入她们的阵营。只有当事人中宗被排挤在外。

被溜须拍马之人如此奉承，韦后也渐渐生出那种心思。她目睹武后的所作所为，暗地里积蓄起自己将来也要如此的野心。为此，她致力于减轻赋役，收买民心，同时与武三思谋划排除张柬之等外朝反对派，等待时机的到来。诸位政变的主要负责人就这样遭到左迁、杀害，彻底被逼得走投无路。

不过，一切似乎都在顺利进行之时，破绽却从韦后意料之外的地方产生了。即皇太子李重俊。他是中宗的第三个儿子，但不是韦后的亲儿子。中宗原本有四个儿子，只有长子李重润是韦后所生。但李重润在成为皇太子之前，与妹妹永泰公主一起被武后杀害了。排行第二的重福本来就与韦后脾性不合，被贬至地方，接下来的重俊便成为皇太子。

但是，他虽说是皇太子却徒有虚名，总是受到侮慢。欺压他的当事人是安乐公主。她计划除掉这位异母兄长，自己成不了皇太子便做皇太女。不以男子而以女子为继承人，这是武后也没有想过的主意。

神龙三年（707）七月，皇太子终于爆发，愤而起兵。他的帮手是推翻张氏兄弟时指挥羽林军的李多祚等。他们首先袭击武三思与其子武崇训的府邸，杀了他们祭旗，又趁势进攻皇宫，欲一举打倒上官婉儿、安乐公主和韦皇后。然而由于这些人簇拥着中宗在玄武门城楼上坚守，他们最终没能攻下，不得不以失败收场。

不过，顽强生存下来的武家人的核心因为这一事件被击溃，可以说武后的残影之一在此被消灭了。但另一方面，女性们的活动并未就此被遏止。安乐公主和上官婉儿等依然居于权力中枢，为所欲为，通过卖官等手段大肆中饱私囊。

说到她们的卖官方式，不管对方是何人，但凡收到贿赂便将先前许诺的官名和此人姓名写入任免书中，然后从中宗处取得亲笔署名再转交中书省。转送中书时将书札口斜着封上他们便心知肚明。这一时期由贿赂这种非正规形式而授予的官职被称为"墨敕斜封官"或单纯的"斜封官"。而中宗的工作便是唯唯诺诺地署名而已，甚至连提交上来的任免书的内容都不作确认。

在中宗完全被当作摆设的状态下，景龙四年（710）来临。这一时期各地开始出现批评韦后把持朝政的声音，即便是中宗也逐渐意识到事态的严重性。另一方面，皇太子之位自李重俊被杀以来一直空悬。韦后开始视中宗为障碍，安乐公主也希望母亲做皇帝、自己当皇太女。她们的这些想法日渐强烈，母女利益一致，终于在其年六月，中宗吃了安乐公主准备的毒点心而被杀害，时年55岁。

韦后一直渴望的顶点似乎马上就要到手了，但她杀掉中宗之后发现，与预期相反，周围气氛似乎不太友善。于是，她迅速立中宗第四子年仅16岁的李重茂为皇帝，自己做皇太后，欲效仿武后曾经的做法以巩固体制，然而人们并不买账。心腹宗楚客索性提议让韦后自己做皇帝。在这种形势下，她的下属之间开始生出嫌隙。

趁隙起兵的是相王李旦（原本的睿宗）的第三子李隆基。他得到北衙羽林士兵们的协助，从玄武门突入宫中。听到叫喊声，韦后逃入飞骑营这一兵营，反为士兵所杀。安乐公主也在一无所觉地对镜梳妆时被闯入的乱兵斩杀。上官婉儿被拉到李隆基面前，也当即遭到斩杀。韦后毒杀中宗是六月二日，自身受戮是同月二十日，之间仅隔十八日。这位李隆基正是之后的玄宗。

韦后等过于肤浅地看待武后经过漫长岁月摸索出来的道路。她只看到结果，只模仿结果，太过性急。武后早自被称为"二圣"之时即掌握了实权，然而不仅等到丈夫寿终正寝，又进行了长达七年的谨慎准备和组织安排方才登上帝位。她们本应充分了解个中原因，却只因有武后的先例，便以为之后也能轻易延续女主主政，时代不会如此迁就她们。武后的时代也好，韦后的时代也好，社会、男人都绝不会理所当然地接受女性登上权力宝座。

武后为建立自己的政权，在任用酷吏弹压反对派的同时，留意支撑政权基础的官僚们，并致力于起用科举入仕的新兴官僚。她又调动佛教和传统祭祀等，意图感动人们的精神世界。但是从韦后等身上，几乎没有看到与此相当的努力和谋划。她们在宫廷女人们的狭窄世界中闭门造车，只有野心单方面地增长。她们的失败理所当然。

太平公主再次活了下来，之后于三年后的先天二年（713）七月，被已经成为玄宗皇帝的李隆基赐死，结束了这一生。但是这三年已经不再是女性们主导的阶段。以韦后之死为界，武后遗留的残影消亡了。

终　章

本书在追溯则天武后的一生时，一直有意识地思考能否将她与她生存的时代一起提取出来。

武后是在唐这一时代出现、在这一社会中留下足迹的女性。为什么必须特意提出她与时代的关系呢？读者对此或许稍有疑虑。她作为个性强烈、充满存在感的女性屹立在中国历史上，因而往往围绕着她的时代性被推到背后，人品和权力欲、或者佐证这些方面的独特政治手法等被举到台前，形成毁誉参半的刻板印象和评价。她是恶女、奸妇，是女杰、变革者，等等。

迄今为止她的众多传记似乎多是致力于在此等既存印象中进行加固和补充。正因如此，笔者才认为必须在她生存的时代下重新看待武后的形象。本书从唐王朝兴起的隋末之乱说起，太宗朝的动向也占据相当的篇幅，且一有机会就极力对当时的政治和社会状况进行说明，均与这一意识相关。

但是，因为则天武后这一人物的伟大性，细微的尝试之类轻易就会被迫偏离真相。仅仅是追赶她接二连三布置的政策和阴谋以及她周围蠢动的人际关系，就已经令人精疲力尽，最终被强行拖入她的世界。有时觉得她是多么可怕的女人啊，而畏缩止步；有时又感到她是多么充满魅力的女人啊，而为之倾倒。若说是在这之间不断挣扎才终于追寻完她的一生也绝非虚言。另外，笔者也担心自己是否只是填补既存的武后形象而没能加以超越。

本书的着力点在于避免对她单方面地贴标签和做判断。稀世恶女、杰出的政治家，这种名词无论如何也不能描摹出她的形象。如果非要如此，我们就必须备齐能够知晓的所有标签。她让人窥探到的面孔那么复杂，所作所为涉及那么多的方面。

武后是一位女性，身为女子却怀着闻所未闻的野心，并出人意表地实现了它。她可以说一次性过完了男女两份人生。并且，虽说长寿，但她被给予的时间也绝不算多。因为她可以说是从无名门第进入后宫的，对此等身份而言，要登上权力顶点，可谓等同于从零出发，即使花费毕生时间也不一定能实现。

因此，武后以皇后身份为唯一立足点，之后倾注自己的才能和智慧以及全部热情朝着顶点迈进。有观点认为她所采取的诸项政策和措施，不过是出自其歇斯底里且稀奇古怪的性格，是当时的灵机一动和自我展示的结果。然而这种看法真的恰当吗？

对于将全部精力转向谋取权力的武后而言，不可能采取没有意义的措施和临时而无用的对策等。那些措施全部都应当是为赋予她自身当权的正当性而不可或缺的。无论是被视为从洛水发现的、刻着"圣母临人，永昌帝业"八个字的石头，还是奇妙的"则天文字"的制定等，一概是在她冷静计算的基础上实施的。在武后心中这些是必要的，在这一点上，她果然还是没有脱离那个时代。

尽管如此，为什么这样的女性在这一时期忽然出现，且似乎极其轻易地就能坐上权力宝座呢？并且，武后之后紧接着还有多位女性沿袭这一道路。容许此等事情发生的唐朝到底是怎样的王朝、怎样的时代？

实际上，这一问题正是笔者在考察武后的过程中一贯留心之处。唐帝国不仅在中国历史中，在同时代的世界上也成就突出、大放光彩。文化、文物及领土之广袤自不必说，其体制制度在历史积累的基础上也已具备当时最为完备的内核。尽管如此，这一王朝却产生了本不可能出现的"牝鸡司晨"的状况，一切权力尽由一位女性掌握。

这无疑暴露了唐朝体制的弱点。但同时应当明白，这也正表现了唐朝体制的特质及时代的氛围。

正如本书之前的叙述，隋朝也好，唐朝也好，都不是纯粹的汉民族王朝，其核心为鲜卑系（蒙古系）民族所占据，突厥（土耳其）系及匈奴系等北族系民族亦深度参与其中，这些民族与受到北族影响的汉族相互携手构成权力体系。北族系的女性们体格健壮，具备与男性匹敌的行动力。另外，魏晋南北朝以后，儒教的束缚缓和，佛教和道教广为传播，汉族世界亦在这种氛围中构筑了女性们主张自我的基础。

武后及继其之后的女性们不正是立足于这种北族系与汉族系民族合流的顶点吗？若承认这一点，便可以得出一个结论，即武后的存在绝非偶然的产物，亦非时代的虚无之花，而是必然的归结点。

另一方面，则天武后的时代结束之后，中宗的韦皇后掌握权力，接着杨贵妃登场，杂胡安禄山得势，唐后半期宦官跋扈。有唐三百年间，这种可谓偏离正规官僚机构的存在接连不断地操纵权势，肩负起政治的一面。提拔他们的最主要因素在于以皇帝为首的私人性恩宠关系。这样看来，武后或许也可以说是从同样的基础、同样的条件中产生的。

唐这一王朝拥有完备统治机构的同时，轻易允许了武后这位女性皇帝的登场。允许这一现象的主要理由可以归结为两个方面：首先是唐朝的基础性特质，即容许、承认个人人际关系、恩宠关系这一体制上的松弛；另一方面在于在北族影响下和魏晋以来的时代氛围中形成的女性的强悍习气。笔者由此看穿了中国中世世界的表象，这一点不同于汉代之前的古代世界，也不同于宋代以后君主独裁制确立的时代，读者以为如何？

因此，进入体制被规定至细节、个人不能以独立人格活动的时代，武后这种人便不能存在了。何况一旦彻底贯彻儒教观念，她所代表的女性活动自会受到抑制。唐朝本质上具有的人性、粗糙性培养了武后的个性。通过武后触及到这一时代背景的特质及其无限魅力，不能不说是吾等之幸。

则天武后相关年表

西历	年号	相关事项（数字指月份）
617	大业 13	7 李渊并州起兵。11 入长安城。
618	武德 元	5 唐建国。
620	3	武士彟与杨氏结婚。
621	4	秦王李世民抓住窦建德。
623	6	武照出生。
626	9	6 玄武门之变。李世民即位(太宗)。
635	贞观 9	武士彟去世。
636	10	6 太宗长孙皇后去世。武照入宫(才人)。
643	17	4 太子李承乾叛乱阴谋败露。晋王李治立为皇太子。
649	23	5 太宗驾崩。6 太子李治即位(高宗)。武照表面出家。
652	永徽 3	这一时期武后再次入宫(昭仪)。长子李弘出生。
653	4	2 房遗爱谋反事发。10 睦州女子陈硕真叛乱。
655	6	10 王皇后被废。武照成为皇后。
659	显庆 4	6 编纂《姓氏录》。长孙无忌下台、去世。
660	5	"二圣(高宗、武后)"政治开始。8 百济灭亡。
664	麟德 元	12 上官仪奏请废除武后失败。武后正式垂帘听政。
666	乾封 元	1 泰山封禅。武后处理武氏一族。
668	总章 元	9 平定高句丽。
669	2	12 李勣去世。
670	咸亨 元	9 荣国夫人杨氏去世。
674	上元 元	皇帝改称天皇，皇后改称天后。
675	2	4 毒杀太子李弘(孝敬皇帝)。6 李贤成为皇太子。北门学士开始活动。龙门石窟奉先寺大佛竣工。
680	调露 2	8 废太子李贤(章怀太子)，立英王李哲(显)为皇太子。

682	永淳 元	突厥再次独立(第二帝国)。
683	弘道 元	12高宗驾崩,太子李显即位(中宗)。武后以皇太后身份
684		摄政。
	嗣圣 元	2中宗下台(庐陵王)、豫王李旦即皇帝位(睿宗)。
685	光宅 元	9东都(洛阳)更名神都。统一更改中央官署名称。李敬
686		业叛乱。
688	垂拱 元	这一时期薛怀义(冯小宝)成为武后男宠。
	2	3设置铜匦。告密开始,酷吏登场。
689	4	4"宝图(天授圣图)"自洛水出现。8琅邪王李冲、越王李
690		贞叛乱。正式弹压唐宗室相关人员。12明堂竣工,建造
		天堂。
	永昌 元	1于万象神宫(明堂)行初祀。11采用新历(周历)
	载初2	正月,制定则天文字。
	天授 元	7新编纂《大云经》,颁行全国大云经寺。九月九日,武太
		后即位,改国号为周(武周革命)。
691	2	4明文规定佛教优先(佛先道后)。
693	长寿2	1《臣轨》列入科举考试科目。
695	证圣 元	正月,天堂和明堂焚毁。4天枢完成。杀薛怀义。
696	天册万岁2	3新明堂重新建成(通天宫)。
	万岁通天元	5契丹入侵河北(~翌年六月)。
697	2	4九州鼎完成。6来俊臣处刑,酷吏政治结束。
	神功 元	闰10狄仁杰正式以宰相身份活动。张易之、张昌宗兄弟
		登场。
698	圣历 元	8突厥入侵河北。9庐陵王李显复位皇太子。
699	2	正月,设置控鹤府(之后的奉宸府)。2武后参拜嵩山及猴
		氏山的升仙太子庙。
700	久视 元	9狄仁杰去世。
701	长安 元	10武后行幸长安(~703年10月)
703	3	从这一时期开始,张派与反张派对立激化。
705	神龙 元	1张柬之等政变,诛杀张昌宗兄弟。武后退位,太子李显
		即位(中宗)。2唐朝复兴。11武后于上阳宫驾崩(83岁)。

706	2	5武后葬于乾陵,竖立无字碑。
707	3	7太子李重俊起兵,杀武三思,兵败身死。
710	景龙4	6韦后、安乐公主毒杀中宗,韦后摄政。
	唐隆 元	6临淄王李隆基政变,杀韦后、安乐公主。相王李旦复皇帝位(睿宗)。
712	延和 元	8睿宗升为太上皇,太子李隆基即位(玄宗)。
713	先天2	7玄宗诛杀太平公主。玄宗时代开始。

　　译者注:原表格西历年份大写,今按国内行文习惯改为小写,其余格式稍不统一处亦予以统一,不单独作注。

则天武后评传·文学作品一览[①]

C.P.Fitzgerald:The Empress Wu,London,1956.

林语堂著、小沼丹译《则天武后（原名 LADY WU： A True Story）》，みすず書房，1959年。

李唐著《武则天》，香港宏业书局，1963年。

郭沫若著、须田祯一译《则天武后（原名<武则天>）·筑》，平凡社，1963年。

田中克己著《中国后妃传》，筑摩书房，1964年。

外山军治著《则天武后 女性と権力》，中央公论社，1966年。

村松暎著《中国列女伝 三千年の歴史のなかで》，中央公论社，1968年。

古屋照子著《小説则天武后》，丛文社，1978年。

R.W.J.Guisso:Wu Tse-t'ien and the Politics of Legitimation in T'ang China,Washington,1978.

---

① 以下作品按出版时间前后排列，顺序与原书稍有差异。

熊德基著《论武则天》，吉林人民出版社，1979年。

原百代著《武则天》，たまいらぼ，1980年；每日新闻社，1982年；讲谈社，1985年。

泽田瑞穂著《则天武后》，收入《人物中国の歴史6　長安の春秋》，集英社，1981年。

泽田瑞穂著《则天武后——女傑と悪女に生きて》，集英社，1986年。

胡戟著《武则天本传》，三秦出版社，1986年。

武则天撰、罗元贞点校《武则天集》，山西人民出版社，1987年。

中野美代子《女帝武则天》，收入氏著《中国ペガソス列伝》，日本文艺社，1991年。

杨剑虹著《武则天新传》，武汉大学出版社，1993年。

深瀬サキ《则天武后》《思い出の则天武后》，收入氏著《思い出の则天武后　深瀬サキ戯曲集》，讲谈社，1993年。

井波律子著《破壊の女神　中国史の女たち》，新书馆，1996年。

井波律子著《百花繚乱・女たちの中国史（NHK人間大学）》，日本放送出版协会，1998年。

津本阳著《则天武后》，幻冬舍，1997年。

今泉恂之介著《追跡・则天武后》，新潮社，1997年。

图版《唐の女帝・则天武后とその時代展》，东京国立博物馆、NHK・NHKプロモーション编，1998年。

高世瑜著、小林一美、任明译《大唐帝国の女性たち》，岩波书店，1999年。

山飒著、吉田良子编译《女帝　わが名は则天武后》，草思社，2006年。

冈田好古著《则天武后と玄宗皇帝》，PHP文库，2007年。

自陈寅恪著《唐代政治史述论稿》（商务印书馆，1944年；三联书店，1956年）以来，围绕则天武后及其时代的研究论文已达到惊人的数量，因而在此忍痛割爱，不再赘举。另外，本书所依据的主要史料是正史《旧唐书》《新唐书》以及司马光所著《资治通鉴》。此外亦有参考《太平广记》等小说类史料及近年备受瞩目的墓志石刻资料。

写给讲谈社学术文库

　　则天武后进入唐第二代皇帝太宗的后宫，又出人意表地再次踏入继位的第三代皇帝高宗的内廷，经过激烈的斗争，最终成为高宗的皇后。但她惊人的动作并未就此结束，最终杀害、赶走自己的亲生儿子，爬上中国历史上前无古人后无来者的女皇之位。其结果，唐朝的国脉一度断绝，改换为所谓的武周朝。她成为皇后是在655年，所开创的武周朝自690年持续到705年，约15年，在这共计恰好半个世纪的漫长时间内，她一直处于权力的顶点。

　　则天武后个性突出，给予我直面这一人物的机会的是白帝社"中国历史人物选"丛书。大概是20世纪90年代初，恩师之一的竺沙雅章先生（当时京都大学文学部教授）联络我工作的富山大学，说目前正在考虑一个项目希望我也加入，并且接下来要就此开一个碰头会，问我是否方便去京都。由于我当时基本两周一次从富山乘北陆线去参加京都的共同研究班，便向他报告了我的安排。

竺沙先生对我说，过去我们研究室曾出过宫崎市定先生主编的《中国人物丛书》（人物往来社），由此培养了诸多研究者。自那之后过了四分之一个世纪，这次白帝社希望出版一套由新一代研究者撰写的丛书。听到人物往来社的中国人物丛书，我立刻回忆起大学时代借研究室名义获得打折，用极少的钱购入刚出版的各卷并潜心阅读的经历。该丛书的作者们多半都是30多岁的年轻人。每一位都是研究室的前辈，他们锐意蓬勃的工作态度令当时的我感到震惊且自豪，这种心情一直铭刻在我心中。如今得以参与与之比肩的项目，我在高兴的同时，对能否不负期待又难免有些不安。

会议之前，我独自苦苦思索课题方面能选择以及想选择的人物。隋朝的文帝和炀帝、唐代的太宗和玄宗、安禄山和黄巢等名字立刻浮现在脑海中，但总觉得不合心意。首先一点，以上人物大多已经写入先前的丛书。到会议当天，竺沙先生看到我的状态，建议说唐代的话则天武后和杨贵妃这些女性也可以考虑。听到这话，我心中有了答案。"杨贵妃已经被多位先生写过，不知还能发掘出多少新意。就留给时代的影响之大而言，我想则天武后更为有趣。"我选择写则天武后的事情就这样决定下来。

将则天武后与她的时代推举为历史研究对象的，可以说是中国近代历史学家陈寅恪先生。先生在《唐代政治史述论稿》等著作中将武后时期作为社会的转型期提出来，开创了客观论述武后的道路。但不幸的是，这种评价之后受到时代牵连而被动摇。最终这一理解没能得到世人认可。另一方面，在日本战后重新评价历史的潮流中，日本中国史学家外山军治先生的《则天武后》（中公新书、1966年）出版，之后再没有超越此书的作品，且除此之外的同名作品全部属于文学性作品，没有进入以史实为基础的历史书范畴。

自会议之后，我独自在富山面对则天武后的生活持续了两年有余。那是比预想更艰辛，但又十分快乐的时光。既然下笔就希望能够成为今后研究的根基或起点。为此，我暗暗发誓，希望写出一部作品，将武后及其时代一起提取出来，同时尽可能地靠近她，填补史料的空白，且令读者抱有兴趣。于是，为了尽量深入她的内心、感受她心灵的波动，我不止三两次被她惊人的活法折服、弹飞。后来被友人揶揄"好像气贺泽亲眼见过一样……"但是说心底话，我自负绝没有瞎编乱造。

幸运的是听说本书刊行后获得一定的好评，是丛书中再版次数最多的一册。只是白帝社因为一些情况不再继续刊行，又意外得到讲谈社将之列入学术文库的邀请。这对我而言是求之不得的好事，白帝社也对此给予了充分谅解。

值此文库化之际，我重新阅读修改全文，回想起曾经拼命与武后"对谈"的那段时光。这之间已经跨越了20年的岁月，我为这本书仍然没有丧失生命力而松了一口气。

只是，笔者早先一直惦记着一个问题，即作为武后进入高宗后宫契机的"感业寺"出家这一普遍说法。这是触及理解武后的核心问题，我在本书第七章进一步发展了当初的观点，为凸显上述普遍说法的不合理性，重新进行了增删。总而言之，就是关于一般所言的"太宗之死→感业寺出家→在感业寺与高宗邂逅→还俗"这一发展过程的质疑，以及这一通说背后武后方面改写历史的可能性。

在则天武后的人生中，从太宗后宫改换到高宗后宫的过程具有决定性意义，这一点无需赘言。武后若在此处失败，便没有之后的人生和迈向女帝的道路。她撬开一道细小的缝隙，钻入高宗后宫，之后便一气呵成地向前突飞猛进，若以尼寺相遇作为那道缝隙则有些薄弱。首先感业寺这一寺庙的位置就不清楚。正如李敬业叛乱时打出的骆宾王所起草檄文中批判的那般，"洎乎晚年，秽乱春宫"（在太宗晚年，与皇太子发生非同寻常的关系），大概当时的人们传言高宗在皇太子时代就与武后发生了关系。恐怕事实确是如此吧。这样一来就难免受到指责，高宗与太宗有着父子关系，且当时父亲依然在世，此等行为有悖人伦。

若据实以宣，对武后而言就是甩不掉的决定性污点。为了避免这种结果以及说明她在高宗朝出现的正当性，无论如何必须周全地准备其他剧情。笔者现在认为，这一"其他剧情"便是现行的尼寺"感业寺"之说。这一解释正确与否暂且不论，只是有必要不断提醒自己，考察则天武后的事迹时应当警惕与此类似的对历史进行矫饰的情况。从这种意义上说，笔者再次感觉到面对则天武后必须时刻保持紧张感。

另外，本书在重新进行全面审校时，修正了发现的错误和龃龉，对文章的书写和表达方式、汉字的使用等进行了修订。通过时隔20年的再探讨，期待此书能够被视为刷新过的《则天武后》。不过本书在主旨和结构方面并没有作大的变更。

重读本书时，我再次被拉入则天武后的世界，为她巨大的存在感所倾倒。作为中国历史上唯一的女帝，她无疑洋溢着无穷的魅力。本书如果能够稍微传达出一点她的风姿和时代的气息便再好不过。

最后，我必须感谢两位编辑。一位是在本书初次面世时，多有费心的白帝社编辑部的伊佐顺子先生。另一位是帮助我进行此次文库化的讲谈社编辑部的稻吉稔先生。尤其稻吉先生对拙著甚为关心，细心地指出了本书在语言表达上的问题和前后的龃龉及疑问，并且我在与他就则天武后交换意见的过程中受到诸多启发。可以说没有稻吉先生与讲谈社编辑部的帮助和支持，本书的刊行出版将难以实现。此外，上野诚先生为本书撰写了极为出色的"解说"，在此一并致以衷心的感谢！

二〇一六年十月　气贺泽保规

解说 里与表的历史学

上野 诚（奈良大学教授）

　　近代历史学以实证主义为宗旨。故而严格区分史实和故事。但考据的结果果真是历史事实吗？仅从这一点看，历史学常可以说是摸索真相的学问。然而事情并非那么简单。因为欲说明史实的那一瞬间就成了讲故事。"和平时代持续三十年之久""和平时代仅持续了三十年""那是幸福的时代""那或许可以说是幸福的时代"。如何书写，一任史家。绝对客观的记述之类并不存在。

　　近代史学在与文学研究的分栖上煞费苦心，尽可能不去涉及故事及民间传说的范畴，甚至不深入关注人物的个性等，仅将行动的合理性作为研究对象。因此，重视客观性的史学家们尽可能采用"无色透明"的文体。然而阅读本书，我却被作者深入浓厚的文学性这一点所震惊。比如作者用以下风格的语言描绘则天武后的魅力：

得到皇后正式认可的武昭仪，正如皇后所期待的那样，努力将高宗完全笼络在自己身边。三十岁的年龄，成熟丰满的肉体和高超的技巧，加之母亲般的强大和温柔，兼备以上条件的女性，在后宫之中别无他者。高宗彻底被她征服，而且得到了皇后的支持，可以毫无顾虑地前去。没过多久，他便泡在武照的住处，看都不看别的女人。（第102页）

读到这一叙述时，我不禁怀疑自己的眼睛。因为看到著名的日本中国史学家这般运用故事性语言进行书写。当然，这是综合《旧唐书》《新唐书》以及类书记载而成的记述，但叙述的手法是故事性、小说式的。不过，我却从这种历史叙述手法中感觉到一种爽快。究其原因，史料中有史料书写者的史观，有感情，有时甚至可以看出当时希望将之作为故事流传下去的意味。然而，近代实证史学极端排斥读者将感情带入史料。但那是以客观性为伪装的假历史学。因为历史通常是为当时活着的人编写的，带入读者的感情，投射读者的历史观，本应是理之自然。本书作者是日本中国史学家中的佼佼者，根据客观的研究方法撰写了诸多论文。这样的史学家如何解读史料？如何描绘则天武后的形象？作者已经在第一章的末尾明确表明了自己的立场。

另外，基于83岁说，武后和高宗的年龄差就变成五

岁。当然，武后是年长的一方。将在宫中不谙世事、无
忧无虑长大的高宗架空的手段，以及把他作为囊中之物
任意摆布的老辣，凡此种种，该程度的年龄差恰好合适，
故事也因此越发有趣。（第 12 页）

我也是被这一宣言的痛快所吸引的人之一。"故事也因此
越发有趣"一句明确表现了本书的叙述手法。那就是尽可能
忠实于史料，用心还原客观史实，同时在叙述方法上采取故
事性、小说式的手法。因此，本书的读者也得以与作者一起
移情于武后这一主人公。

本书书写了诸多叛乱和政变的过程，我在阅读这些内容
时，想起 672 年爆发的壬申之乱。壬申之乱是日本古代最大的
动乱，大海人皇子即圣武天皇在这一动乱中胜出、即位，之
后日本的律令国家建设加速迈向完成。若论这次动乱的结局
确定于何处，大概与大海人皇子及其王后鸬野讚良皇女平安
逃离吉野进入东国有关。因为急着离开吉野，他们连交通工
具也没有，步行出逃，之后遇见友军，大海人皇子才终于骑
上马。之后皇子妃的舆驾也赶上来，皇子妃亦得以乘舆。

是日，发途入东国。事急，不待驾而行之。儵遇县
犬养连大伴鞍马，因以御驾。乃皇后载舆从之。逮于津
振川，车驾始至，便乘焉。是时，元从者草壁皇子、忍

壁皇子，及舍人朴井连雄君、县犬养连大伴、佐伯连大目、大伴连友国、稚樱部臣五百濑、书首根摩吕、书直智德、山背直小林、山背部小田、安斗连智德、调首淡海之类，廿有余人，女孺十有余人也。（《日本书纪》卷二八、天武天皇上、元年六月条、小岛宪之等校注、译《日本书纪3 ＜新编日本古典文学全集＞》，小学馆、1998年）①

《日本书纪》一个不落地记载了最初飞奔来参见大海人皇子的人物的名字。这是因为《日本书纪》想要赞颂这些在最为艰辛的时期与大海人皇子共进退的人，将他们视为功臣、勇士。

并且，此处有一点应当注意。与大海人皇子一起行动的有20余人，还有十几名女孺，也就是女官。当然，之后由于天皇的号令，成千上万的兵员应征而来，但最初跟随大海人皇子的就是这不满40人的臣僚和女官们。其中多数还是天皇的亲朋故旧。

我想，在被称为后宫或内廷、内朝的皇子和天皇所谓的私人生活空间，随便一块地方住的人都有这么多吧。日本和中国的人员规模可能不同，但我没有想到，在日常被称为内、

①《日本书纪》卷二八"天武天皇元年六月甲申条"，新订增补国史大系本，东京：吉川弘文馆，昭和42年，第310—311页。

里的生活空间，与天皇寝食与共的人竟不满40名。在那之外，存在着被称为外、表的庞大官僚机构。

那么，我有时在想，则天武后驱使的、作为其势力基础的是不是也只有40人左右呢？但由于那里是官僚所力不能及的世界，是皇帝、天皇日常生活的场所，若是掌握了里，大概就能获得巨大的权力吧。如果有连自己的孩子都不惜杀掉的精神准备，那么控制这40人的精神应该也不无可能。

东亚古代国家是以汉字、儒教、律令、佛教为所谓的共同要素而发展起来的国家群，各国的国王、天皇制度都是以中国为模板。律令国家即由庞大的官僚机构统治的国家，原则上应当是一人之下万民平等，且其核心为男性。官僚机构是表、外的世界，与此相对，以后宫为中心的内、里的世界是由血缘伦理支配的女性世界。

继续阅读本书便可知即便在唐朝，表与里之间也常常关系紧张。即使是里，也不能无视表的官僚机构而进行政治活动。但是，由于皇帝、天皇是表的官僚机构的真正统治者，人事黜陟常常因与皇帝、天皇的关系而被左右。因此，即使存在强有力的官僚机构，政治也会因皇帝、天皇的个性而摇摆。

在日本，由于官僚机构的发达较迟，天皇驾崩后，基于里的理论，女性即位在推古朝以后司空见惯。因此，日本的大王、天皇制度在进行制度设计时本就将女性即位也列入前提。在那种情况下，女性即位者的范围被限定在曾经居于皇后之位的人员中。也就是说，日本的皇后是以可能根据时间和形势即位为天皇为前提的，因此皇后必须从皇族中选拔。

而中国的皇帝制度不是以女性即位为前提进行制度设计的。则天武后与持统天皇几乎生于同一时代，且都登上了皇帝、天皇之位，但制度层面完全不同。也就是说，则天武后的即位是因其强有力的个性而实现的，是超越原本制度设想之外的特例。这一点参阅本书第十七章到十九章就十分清楚。女帝即位的障碍极大，如果武后没有包括杀人在内的权谋术数，不进行即位制度的根本性改变以及所谓的宗教改革，就不可能登上皇位。

那么，日本的政治家们如何看待则天武后时代的唐的政治呢？长屋王对于非皇族出身的光明子立后表示强烈反对，到底还是因为皇后有即位的潜在可能性。而且，孝谦、称德朝宠臣的得势和下台（藤原仲麻吕和道镜）以及孝谦、称德朝接连不断的宫廷改革，一般都认为是受到了则天武后的影响。因此，权力斗争在里的女性们和道镜等宠臣以及表的官僚机构之间发生。这一点与唐极为相似。这种权力斗争或许应该说是律令国家的宿疴。

本书以对史料的细密解读为基础，同时运用故事性、小说式的手法写就，能够与之邂逅，对我而言是一种幸运。遇见这样优质的历史书籍，我不由得想起以下问题。那便是关于历史和人类的永恒之问。即究竟是历史创造了人类、还是人类创造了历史这一古老命题。

　　读完这本书，我想，是偶然降生在历史中的人类创造了接下来的历史。无论是多么优越的法律和制度，运用它的都是人类，这一点必须铭记。思及那些权谋术数时心情绝非畅快，但那确实是人与制度之间悲哀而惊人的历史……以上是我阅读本书的感想。